1 せんを なぞろう

姿勢や鉛筆の持ち方に気をつけて、ゆっくりていねいになぞりましょう。

●から ★まで うすい せんを ていねいに なぞりましょう。

なぞれたら、すきな いろを ぬりましょう。

2 せんを なぞろう

「おれ」「まがり」「はらい」「とめ」「はね」の練習をします。

うすい せんや てんせんを ていねいに なぞりましょう。
なぞれたら、えに、すきな いろを ぬりましょう。

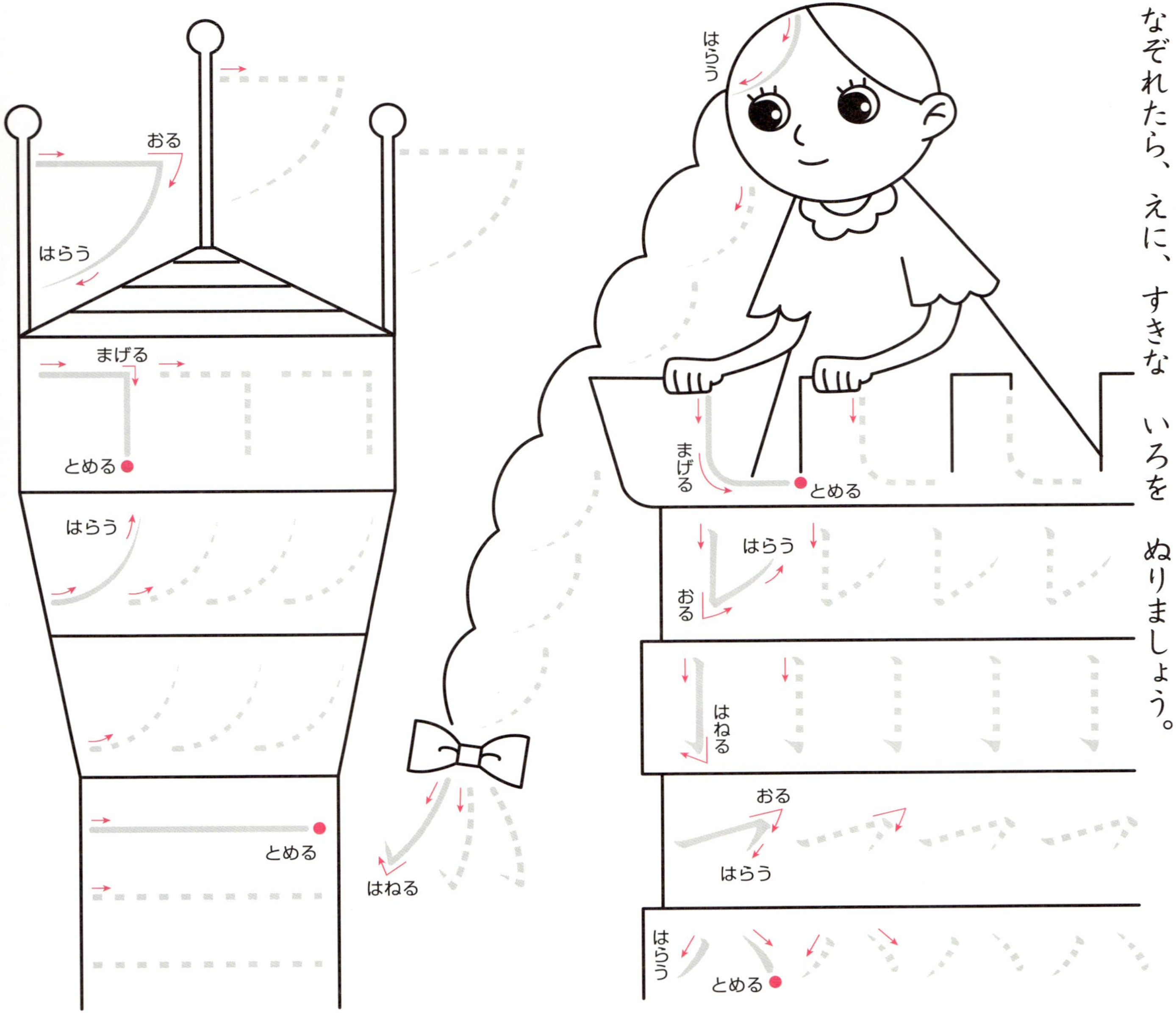

3 ひらがなの おさらい
はっぱの じ

形に特徴のあるひらがなを集めました。正しい形で書けているか確認しましょう。

はっぱに かいて ある ひらがなは なにかな。

□に ひらがなを かきましょう。

はっぱに かかれた よっつの じを ならべかえて ことばを つくりましょう。

答えとまるつけのポイントは、77ページにあります。

4 ひらがなの おさらい

ことばを つくろう

風船の字を手本にして書きましょう。書けたら、声に出して読んでみましょう。

ふうせんに かいて ある じから えらんで、えの ものの なまえを かきましょう。

★うすい じは なぞりましょう。

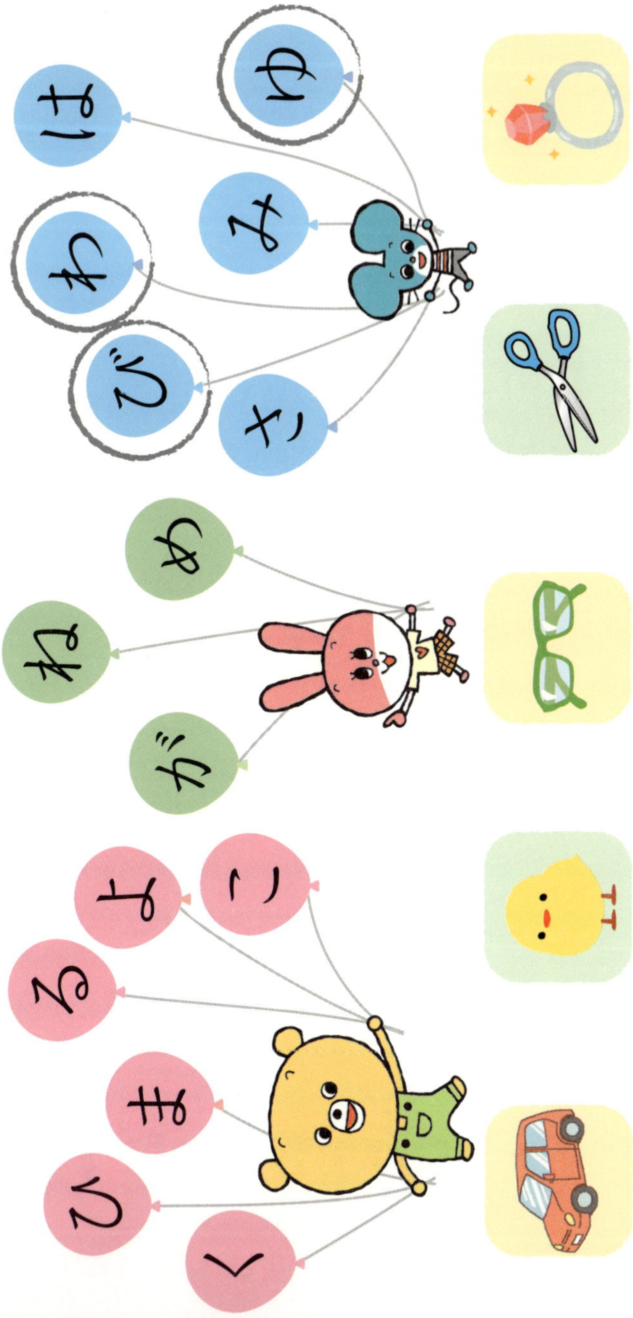

ゆびわ

答えとまるつけのポイントは、77ページにあります。

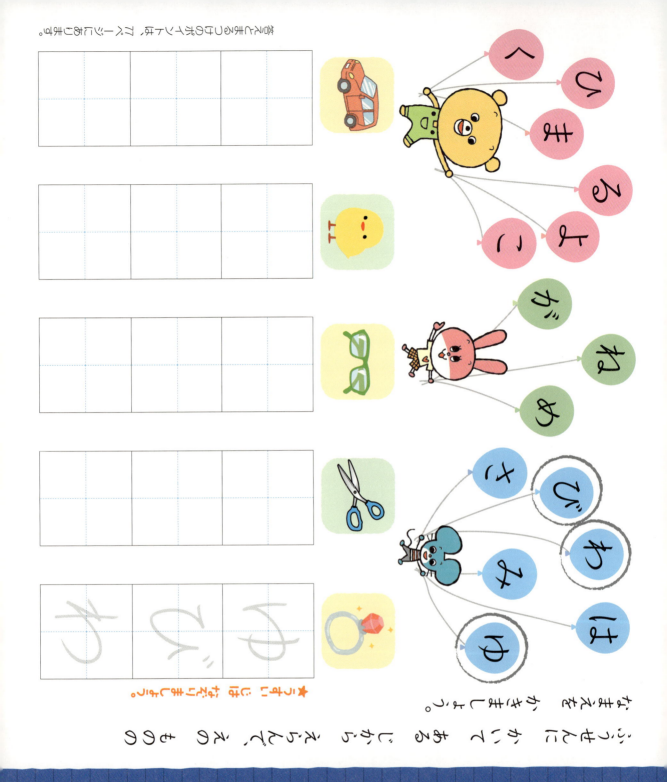

5 アのれんしゅう

お手本の字を見て、ゆっくりていねいに書きましょう。うすい字はなぞって書きます。

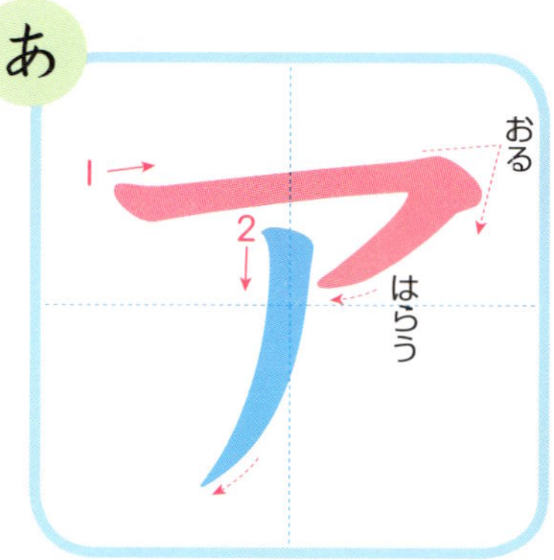

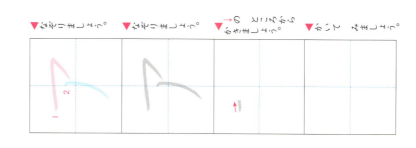

▼なぞりましょう。

▼なぞりましょう。

▼↓のところからかきましょう。

▼かいてみましょう。

★ことばを かいて みましょう。
うすい じは、なぞって かきましょう。

アイロン（あ い ろ ん）

アルバム（あ る ば む）

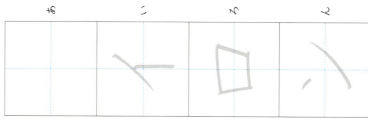

ドア（ど あ）

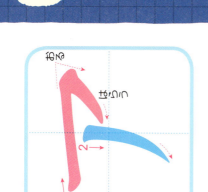

6 イのれんしゅう

一画目ははらいます。「しゅっ!」と言いながら書くといいですね。

い

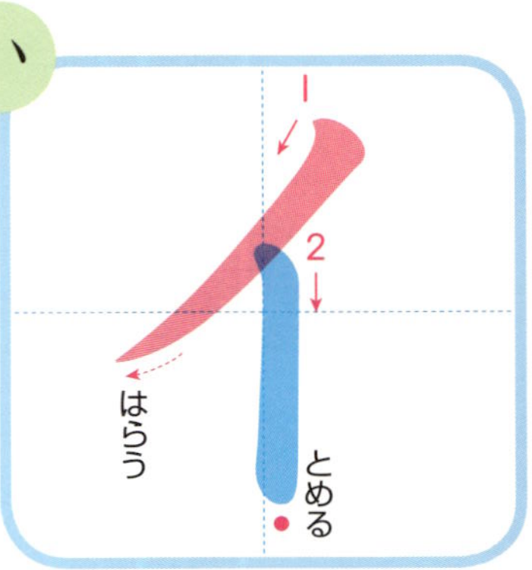

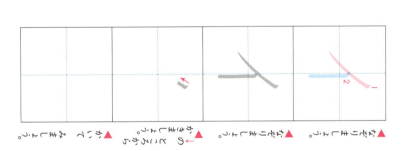

▼なぞりましょう。

▼なぞりましょう。

▼↓のところからかきましょう。

▼かいてみましょう。

★ことばを　かいて　みましょう。
うすい　じは、なぞって　かきましょう。

イクラ（いくら）

インク（いんく）

イヤリング（いやりんぐ）

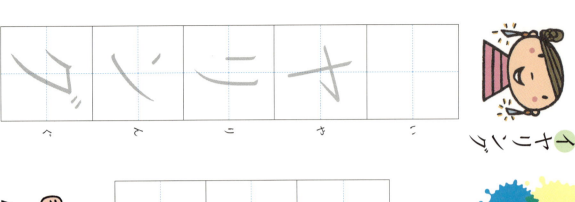

チャイム（ちゃいむ）

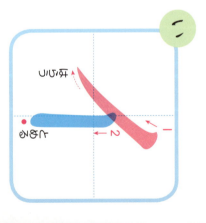

7 ウのれんしゅう

のばす音（長音）「ー」は、かたかなで初めて学びます。声に出して読みながら書きましょう。

う

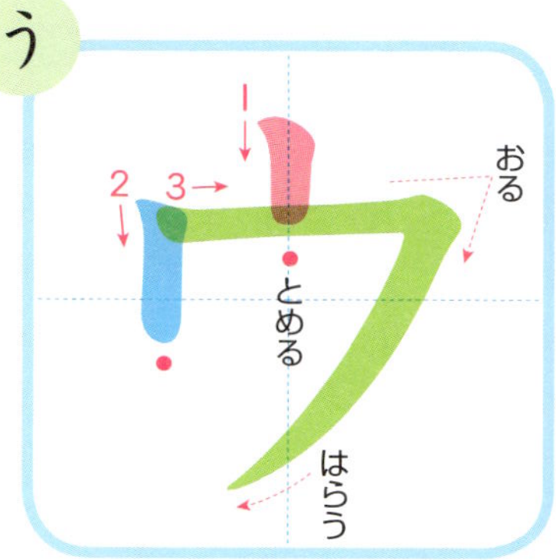

▶なぞりましょう。 ▶なぞりましょう。 ▶↓のところからかきましょう。 ▶かいてみましょう。

★ことばを　かいて　みましょう。
うすい　じは、なぞって　かきましょう。

ウクレレ

う く れ れ

ブラウス

ぶ ら う す

ウインナー

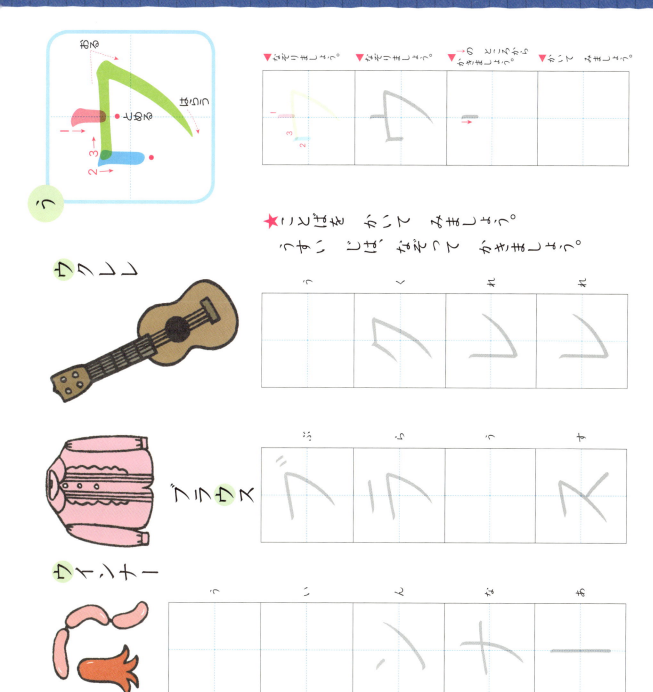

う い ん な あ

8 エのれんしゅう

「とめ」に注意して書きましょう。形の似ている字に「キ」「ニ」「ユ」があります。

え

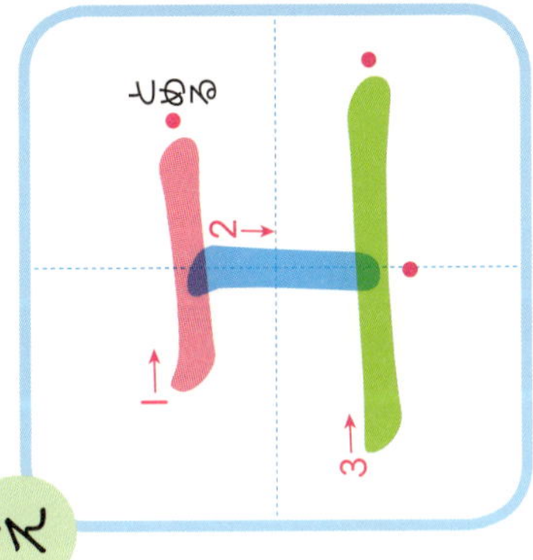

▼なぞりましょう。 ▼なぞりましょう。 ▼→のところからかきましょう。 ▼かいて みましょう。

★ことばを かいて みましょう。
うすい じは、なぞって かきましょう。

エプロン（え ぷ ろ ん）

ピエロ（ぴ え ろ）

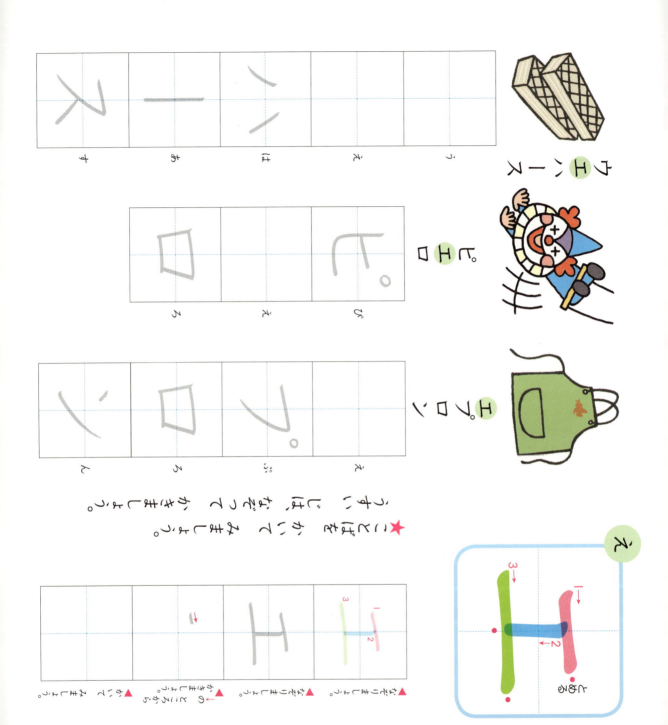

ウエハース（う え は あ す）

9 オのれんしゅう

二画目は、とめてからはねます。はねの部分は難しいので、ゆっくりていねいに書きます。

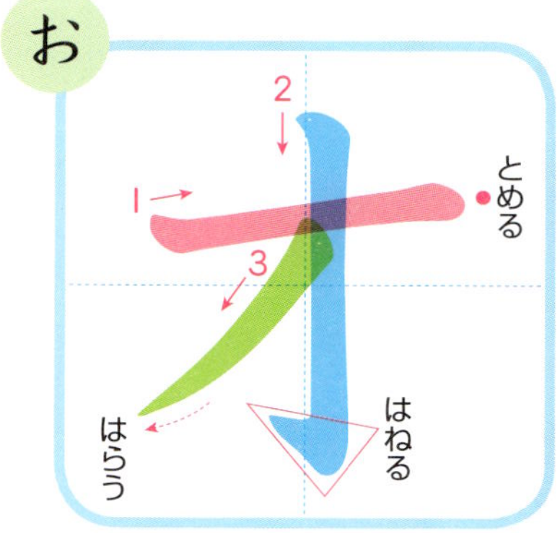

▼なぞりましょう。 ▼なぞりましょう。 ▼→の ところから かきましょう。 ▼かいて みましょう。

★ことばを かいて みましょう。
うすい じは、なぞって かきましょう。

オルガン（お る が ん）

オレンジ（お れ ん じ）

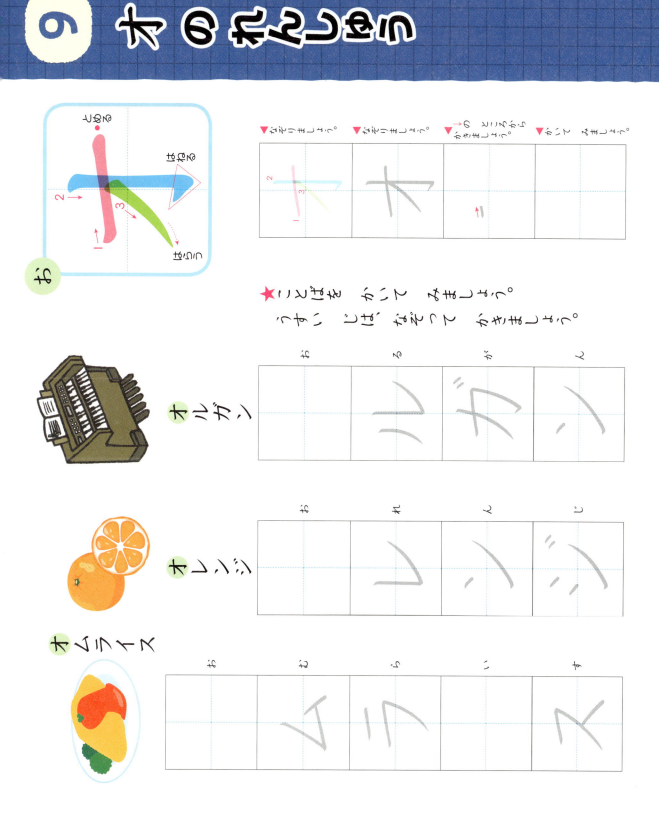

オムライス（お む ら い す）

同じ読み方の字を見て、形からひらがなとかたかなの区別をしましょう。

10 かたかなを えらぼう

かたかなで かいて ある ほうを とおって、●から ★まで すすもう。とおった かたかなを じゅんに よんで みましょう。

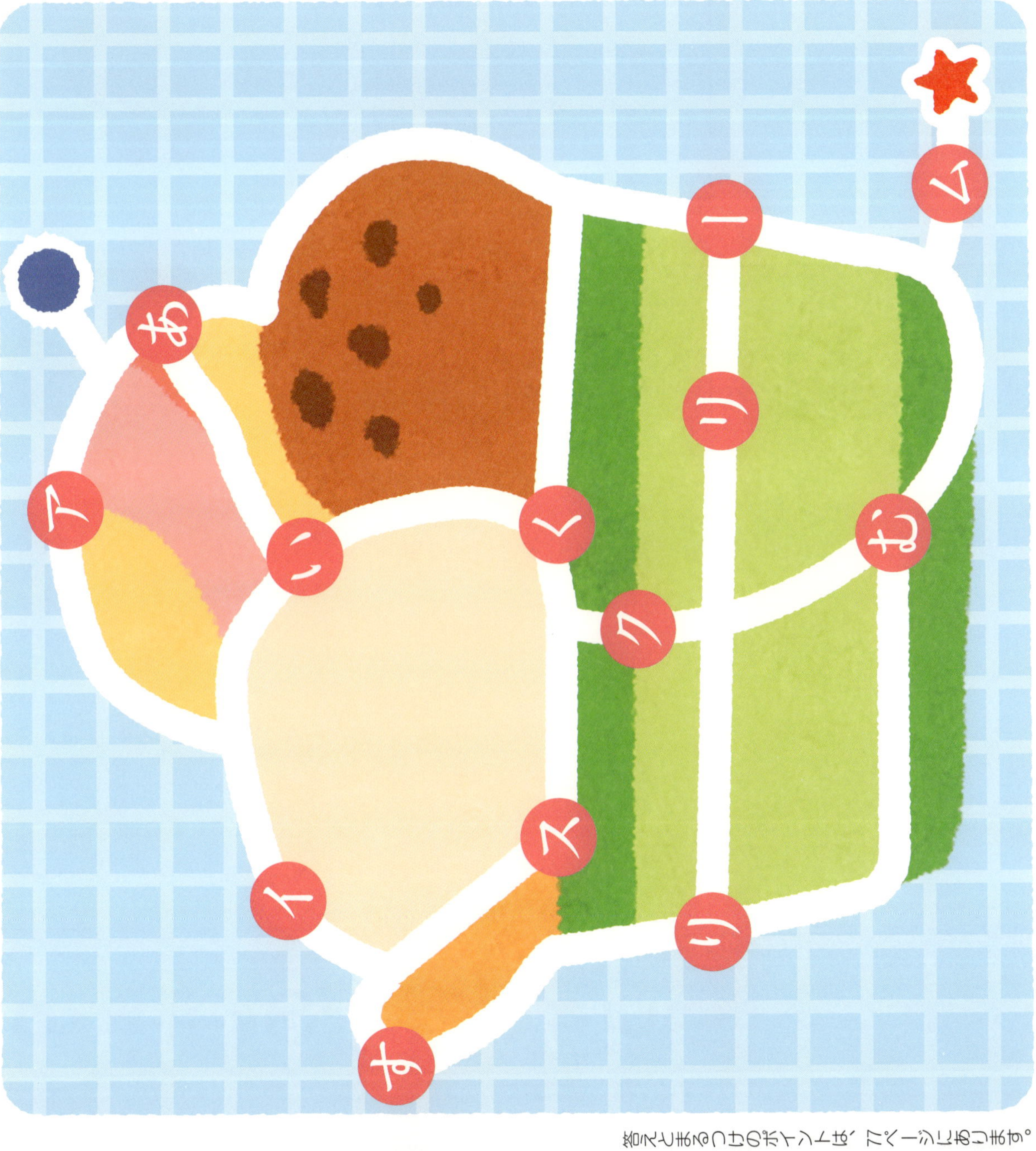

答えとまるつけのポイントは、77ページにあります。

11 カのれんしゅう

「フ」の部分は、ひと筆で書きます。ひらがなの「か」と間違えて「、」をつけないようにしましょう。

か

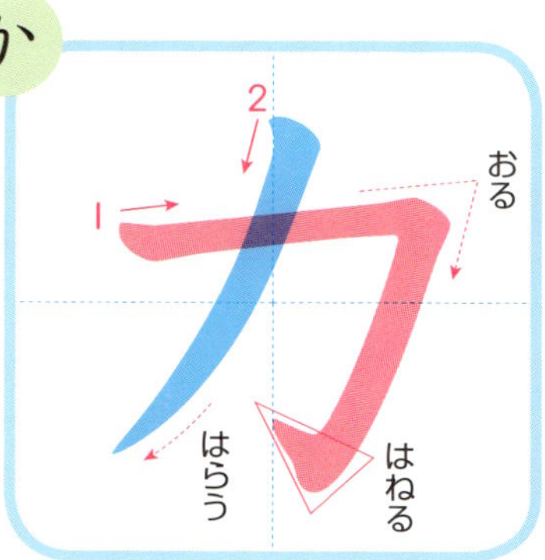

◀なぞりましょう。 ◀なぞりましょう。 ◀↓のところからかきましょう。 ◀かいてみましょう。

★ことばを　かいて　みましょう。
うすい　じは、なぞって　かきましょう。

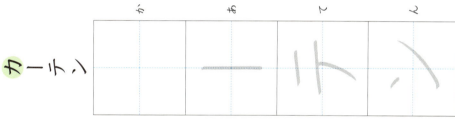

カーテン（か・あ・て・ん）

カメラ（か・め・ら）

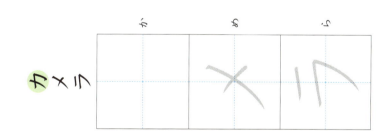

カンガルー（か・ん・が・る・う）

12 キのれんしゅう

「エ」と形が似ています。三画目の向きと長さに注意して書きましょう。

き

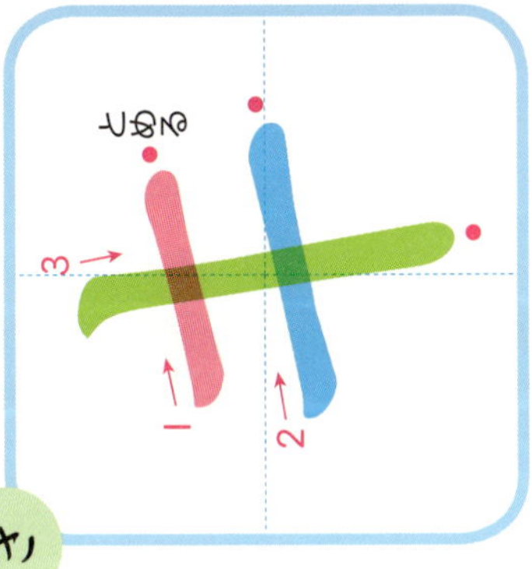

▼なぞりましょう。

▼なぞりましょう。

▼→のところからかきましょう。

▼かいて みましょう。

★ことばを かいて みましょう。
うすい じは、なぞって かきましょう。

キウイ（きうい）

スキー（すきい）

キーホルダー（きいほるだあ）

キャラメル（きゃらめる）

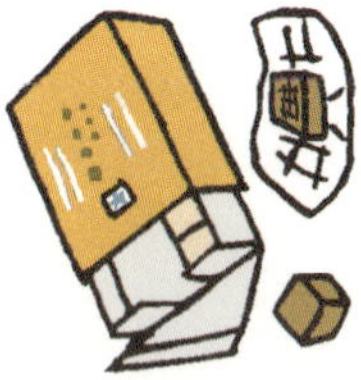

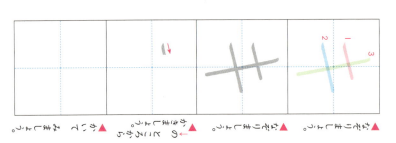

13 クのれんしゅう

二画目の形に注意しましょう。形の似ている字に「タ」があります。

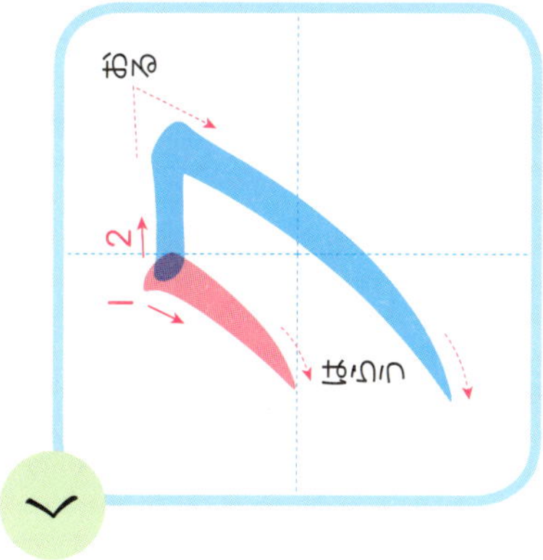

▼なぞりましょう。

▼なぞりましょう。

▼1→のところからかきましょう。

▼かいてみましょう。

★ことばを　かいて　みましょう。
うすい　じは、なぞって　かきましょう。

クッキー（くっきい）

クレヨン（くれよん）

クリスマス（くりすます）

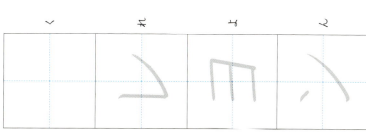

14 ケのれんしゅう

ひらがなの「け」と形が似ています。線の向きや長さに注意して書きましょう。

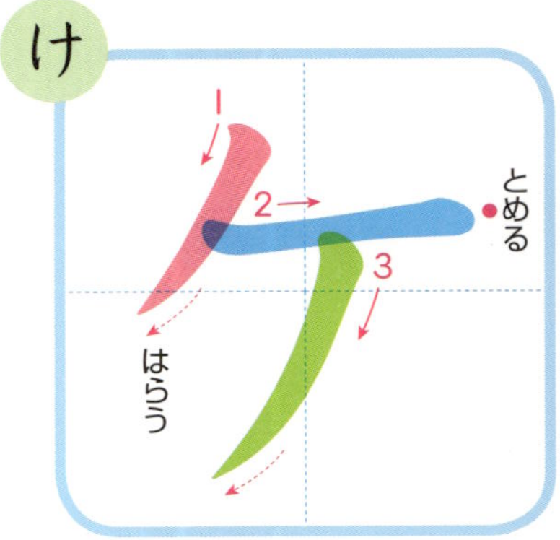

▼なぞりましょう。
▼なぞりましょう。
▼↓のところからかきましょう。
▼かいてみましょう。

★ことばを　かいて　みましょう。
うすい　じは、なぞって　かきましょう。

ケーキ（け　え　き）

スケート（す　け　え　と）

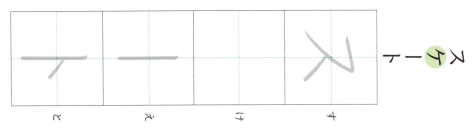

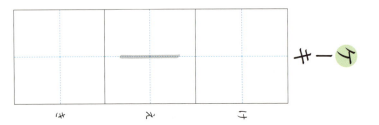

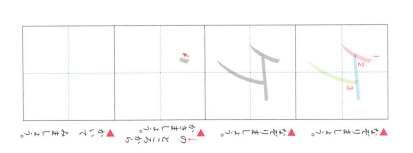

ケチャップ（け　ち　ゃ　っ　ぷ）

15 コ の れんしゅう

二画で書く字です。「フ」はひと筆で書きます。

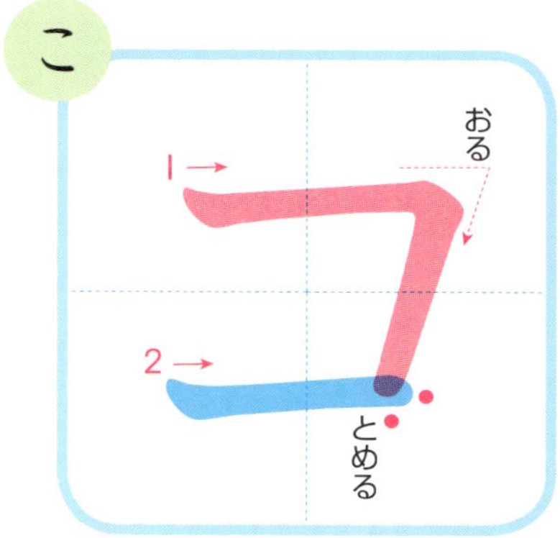

▼なぞりましょう。 ▼なぞりましょう。 ▼→の ところから かきましょう。 ▼かいて みましょう。

★ことばを かいて みましょう。
うすい じは、なぞって かきましょう。

コアラ（こ あ ら）

コスモス（こ す も す）

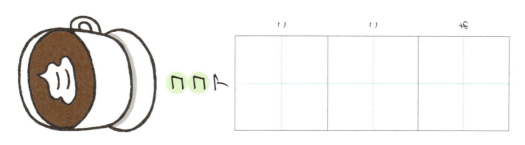

ココア（こ こ あ）

16 ガギグゲゴのれんしゅう

濁点「゛」は、字の右上に書きます。濁点の位置に注意して書きましょう。

▼なぞりましょう。
▼なぞりましょう。
▼↓のところからかきましょう。
▼かいてみましょう。

ガム（がむ）

ギター（ぎたあ）

グローブ（ぐろうぶ）

ゲーム（げえむ）

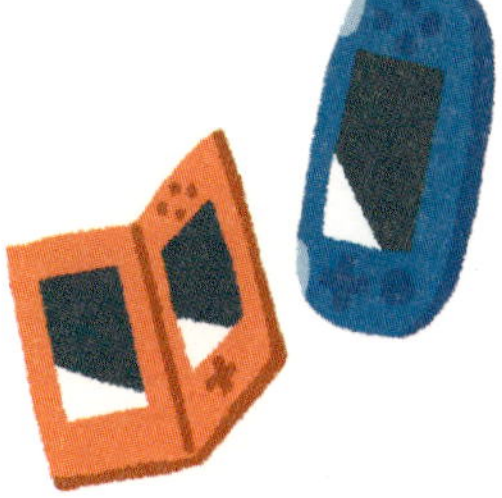

ゴムボート（ごむぼうと）

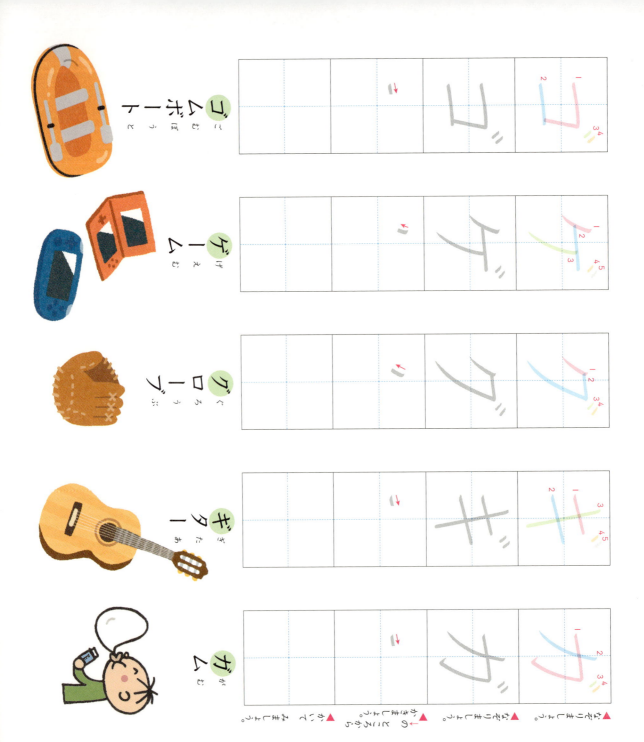

17 かたかなを えらぼう

ひらがなとかたかなを区別します。形が似ている字は間違えやすいので注意しましょう。

かたかなを　みつけて　いろを　ぬろう。なんの　えが　でて　くるでしょう。

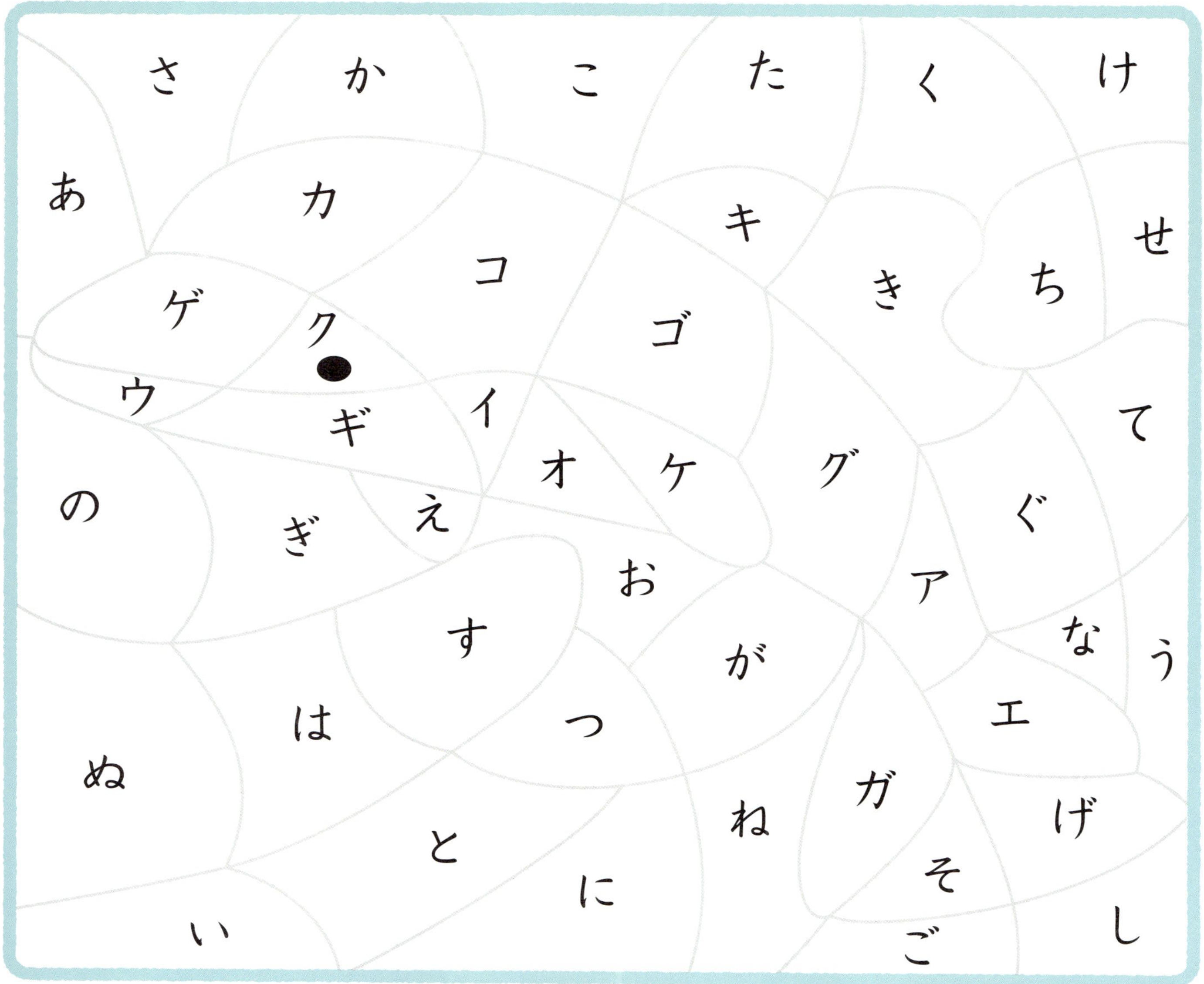

答えとまるつけのポイントは、77ページにあります。

「カ」と「ガ」、「キ」と「モ」など、間違えやすい字があります。形に注意して進みましょう。

18 じゅんばんに すすもう

あたまの もじが カ→キ→ク→ケ→コの じゅんに なるように、スタートから ゴールまで すすみましょう。

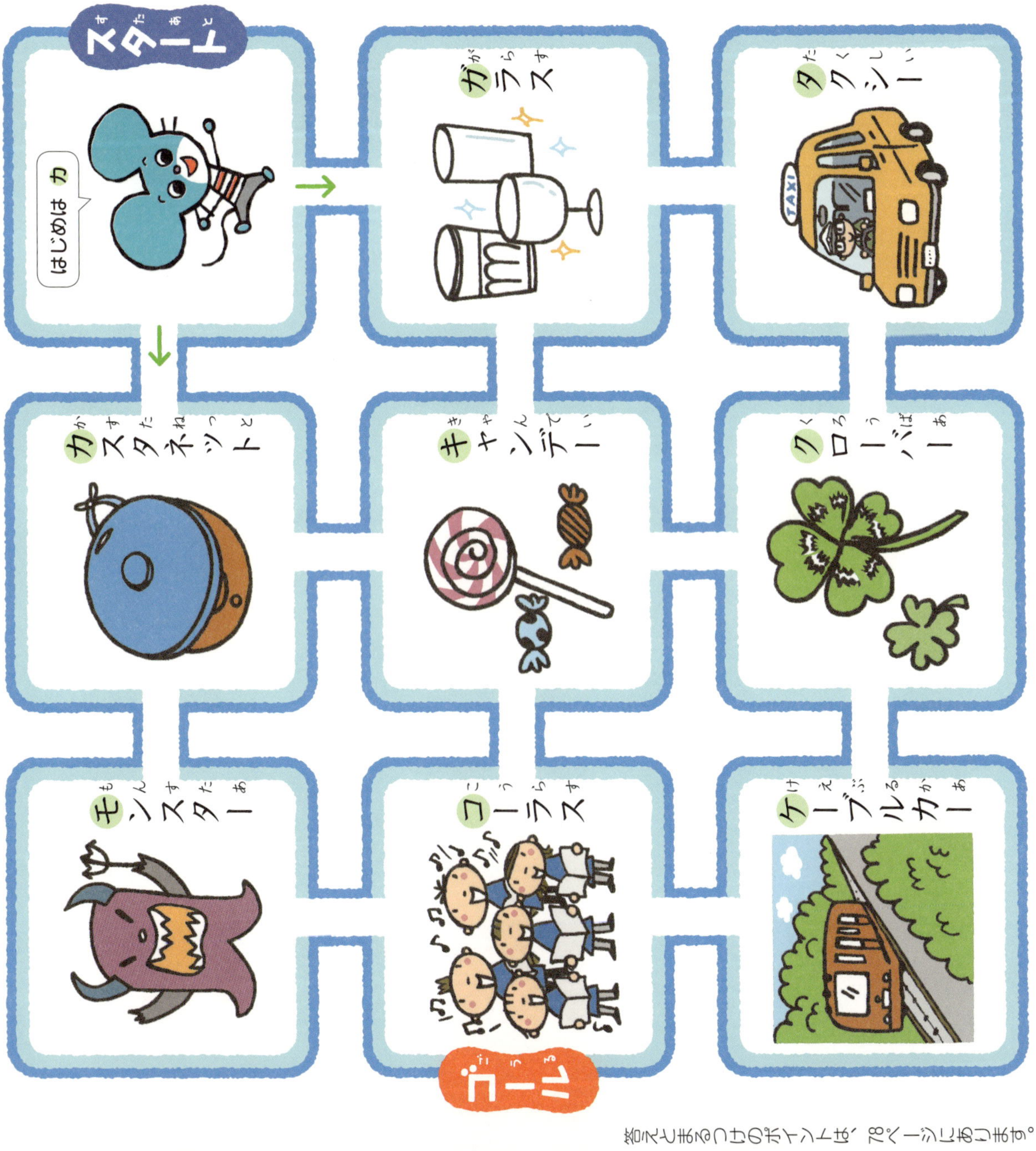

答えとまるつけのポイントは、78ページにあります。

19 サのれんしゅう

「ケ」と形が似ています。線の向きや長さに注意して書きましょう。

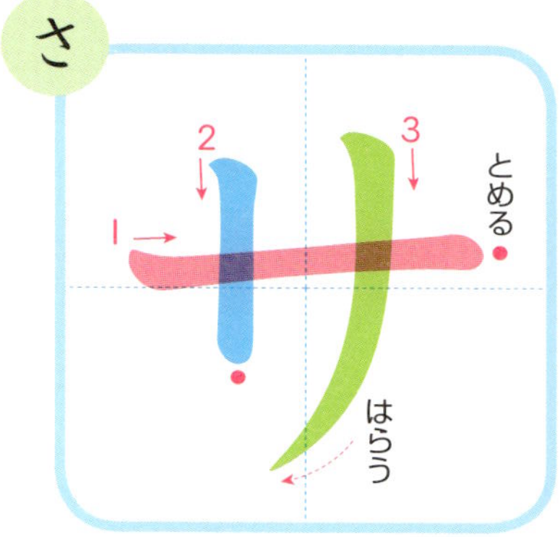

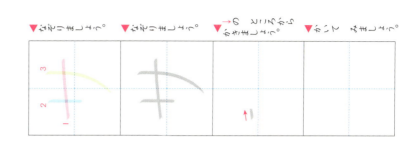

▼なぞりましょう。
▼なぞりましょう。
▼→のところからかきましょう。
▼かいてみましょう。

★ことばを かいて みましょう。
うすい じは、なぞって かきましょう。

サラダ（さらだ）

サボテン（さぼてん）

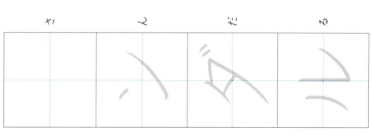

サンダル（さんだる）

20 シのれんしゅう

三画目は、下から右上へ書きます。正しい向きで書いているか注意しましょう。

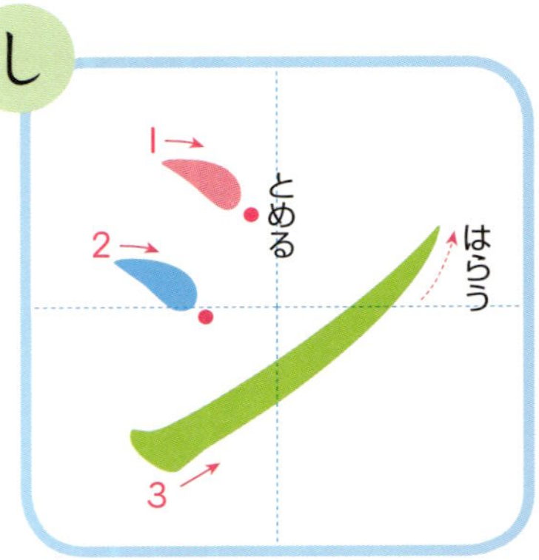

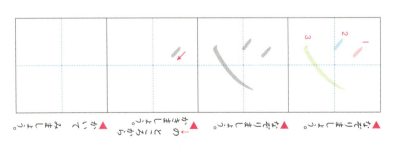

▲なぞりましょう。
▲なぞりましょう。
▲↓のところからかきましょう。
▲かいて みましょう。

★ことばを かいて みましょう。
うすい じは、なぞって かきましょう。

シーソー（し い そ う）

シチュー（し ち ゆ う）

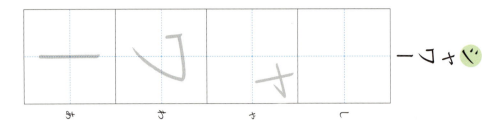

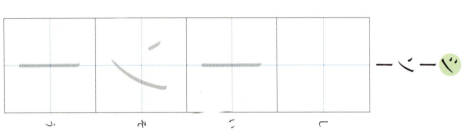

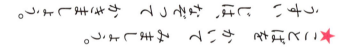

シャワー（し や わ あ）

21 スのれんしゅう

二画目が一画目をつきぬけて書かないように注意しましょう。

す

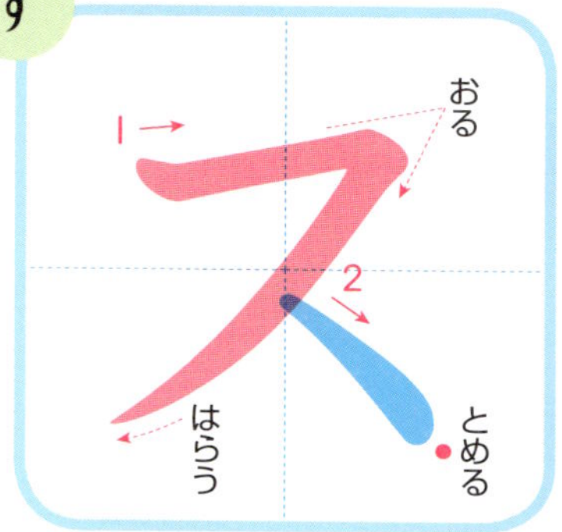

▼なぞりましょう。 ▼なぞりましょう。 ▼→のところからかきましょう。 ▼かいて みましょう。

★ことばを かいて みましょう。
うすい じは、なぞって かきましょう。

スリッパ（す り っ ぱ）

スプーン（す ぷ う ん）

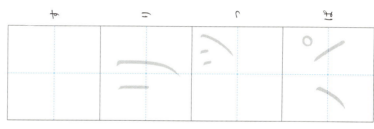

スカート（す か あ と）

22 セのれんしゅう

ひらがなの「せ」と形が似ています。一画目は、ひと筆で書きます。

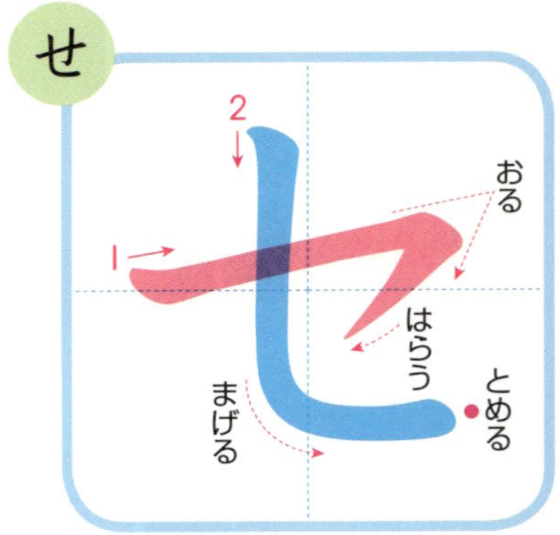

▼なぞりましょう。
▼なぞりましょう。
▼→の ところから かきましょう。
▼かいて みましょう。

★ことばを かいて みましょう。
うすい じは、なぞって かきましょう。

セロリ（せ ろ り）

セーター（せ え た あ）

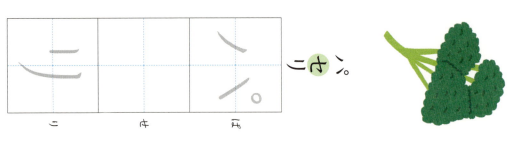

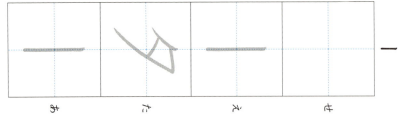

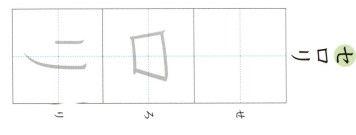

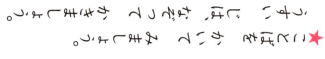

パセリ（ぱ せ り）

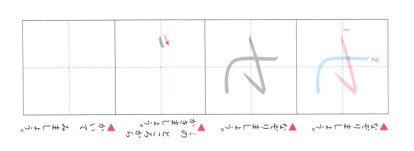

23 ソのれんしゅう

形の似たものが多く、書き分けが難しい字です。二画目の向きに注意しましょう。

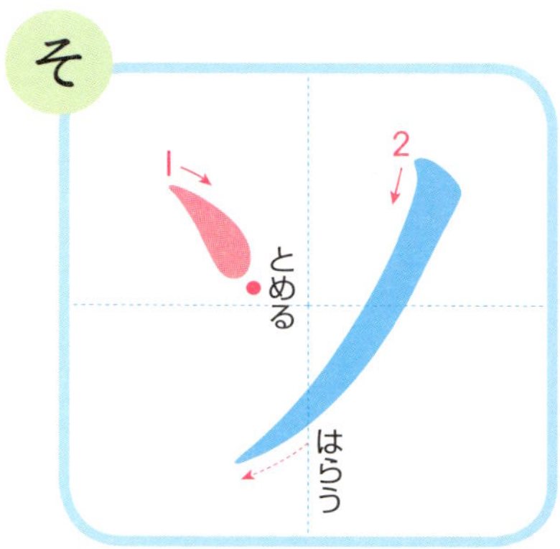

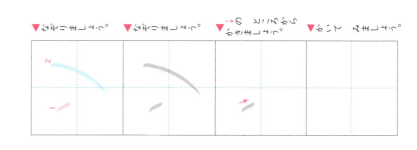

▼なぞりましょう。　▼なぞりましょう。　▼↓の　ところから　かきましょう。　▼かいて　みましょう。

★ことばを　かいて　みましょう。
うすい　じは、なぞって　かきましょう。

ソファー（そ ふ ぁ あ）

ソックス（そ っ く す）

ソース（そ う す）

24 ザジズゼゾのれんしゅう

手本の字を見ながら、濁点の位置に注意して書きましょう。

▲なぞりましょう。 ▲なぞりましょう。 ▲↓のところからかきましょう。 ▲かいてみましょう。

ザ ザ

ピザ（ぴざ）

ジ ジ

ジュース（じゅうす）

ズ ズ

ズボン（ずぼん）

ゼ ゼ

ゼリー（ぜりい）

ゾ ゾ

リゾット（りぞっと）

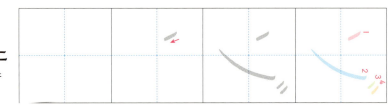

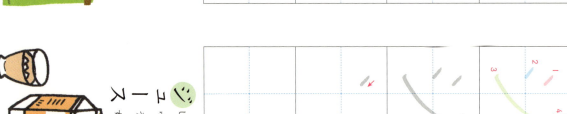

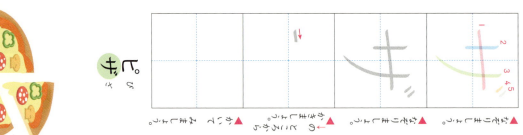

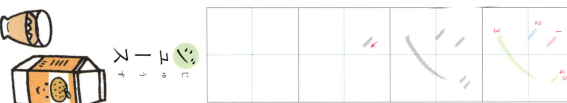

25 せかいの くに

外国の国名や地名は、かたかなで表します。声に出して読みながら、書きましょう。横書きでは、小さい「ッ」「ュ」「ョ」は左下に書きます。

ひこうきに のって、せかいを まわるよ。くにや とちの なまえと めいぶつを かきましょう。

★うすい じは なぞりましょう。

（ろしあ）ロ□□ で かった （まとりょうしか）マトリョー□□。

（かなだ）□ナダ で （おうろら）□ーロラ を みた。

（えじぷと）□□プト に ある （ぴらみっど）ピラミッド。

じゆうの めがみが あるのは （あめりか）□メリ□ の （にゅうようく）ニュ□ーヨー□。

●は くにや とちの なまえ、▨は めいぶつの なまえです。

26 サンドイッチを つくろう

形のよく似た字の区別、濁音のあるなしに注意しましょう。

サンドイッチを　つくろう。パンに　なにを　のせるかな。
ただしいほうを　○で　かこみましょう。

そうせいじ

ンーセージ
ソーセージ

れたす

レタス
レタヌ

こおん

コーン
ユーン

ちいず

チーズ
チース

答えとまるつけのポイントは、78ページにあります。

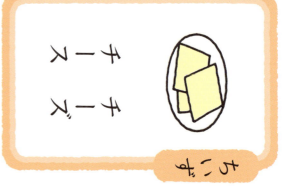

27 タのれんしゅう

「ク」と形が似ています。三画目を忘れないように書きます。

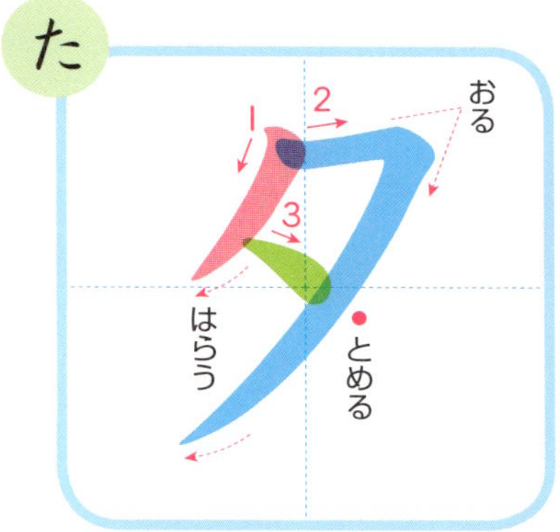

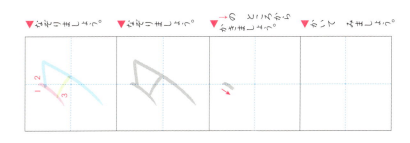

▼なぞりましょう。　▼なぞりましょう。　▼↓のところからかきましょう。　▼かいてみましょう。

★ことばを　かいて　みましょう。
うすい　じは、なぞって　かきましょう。

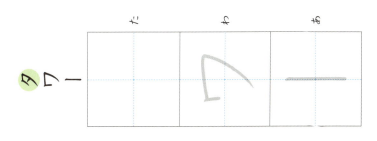

タオル（た　お　る）

タワー（た　わ　あ）

スター（す　た　あ）

28 チのれんしゅう

形の似た字がたくさんあります。特に、一画目の向きに注意して書きましょう。

ち

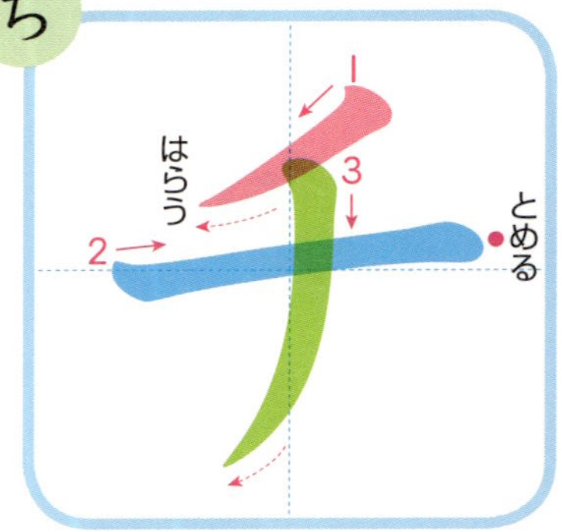

▼なぞりましょう。
▼なぞりましょう。
▼↓のところからかきましょう。
▼かいてみましょう。

★ことばを かいて みましょう。
うすい じは、なぞって かきましょう。

チーター（ち い た あ）

チーズ（ち い ず）

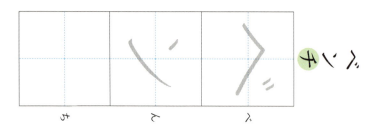

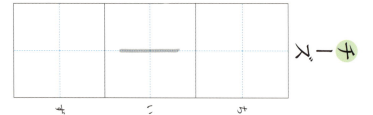

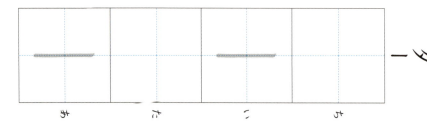

ベンチ（べ ん ち）

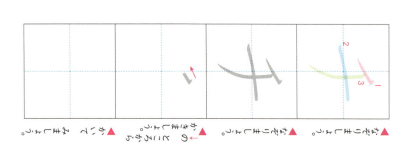

29 ツのれんしゅう

「シ」と形が似ています。線の向きに注意して、ていねいに書きましょう。

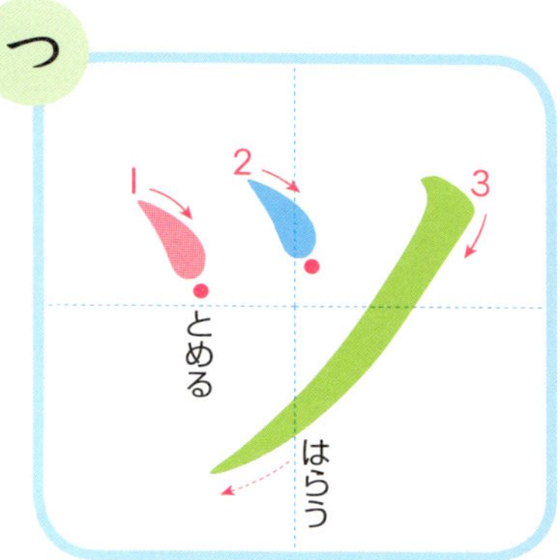

▼なぞりましょう。 ▼なぞりましょう。 ▼↓のところからかきましょう。 ▼かいてみましょう。

★ことばを　かいて　みましょう。
うすい　じは、なぞって　かきましょう。

キャベツ（きゃべつ）

バケツ（ばけつ）

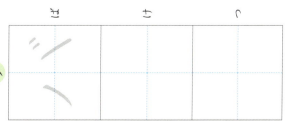

パンツ（ぱんつ）

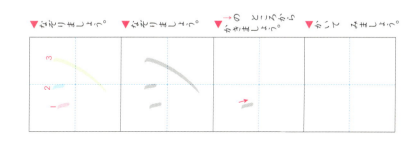

30 テのれんしゅう

「チ」と形がよく似ています。一画目の向きや長さに注意して書きましょう。

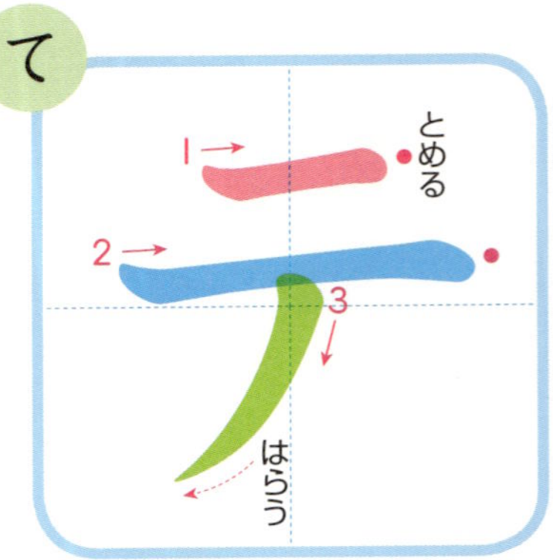

▲なぞりましょう。
▲なぞりましょう。
▲→のところからかきましょう。
▲かいてみましょう。

★ことばを　かいて　みましょう。
うすい　じは、なぞって　かきましょう。

テーブル（て え ぶ る）

テント（て ん と）

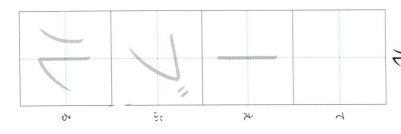

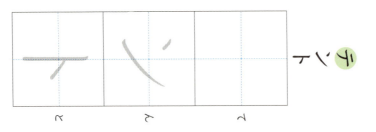

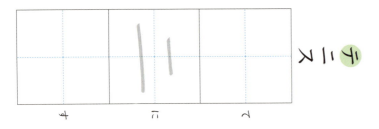

テニス（て に す）

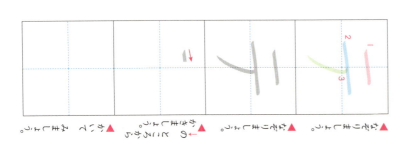

31 トのれんしゅう

一画目も二画目もとめます。形に注意して書きましょう。

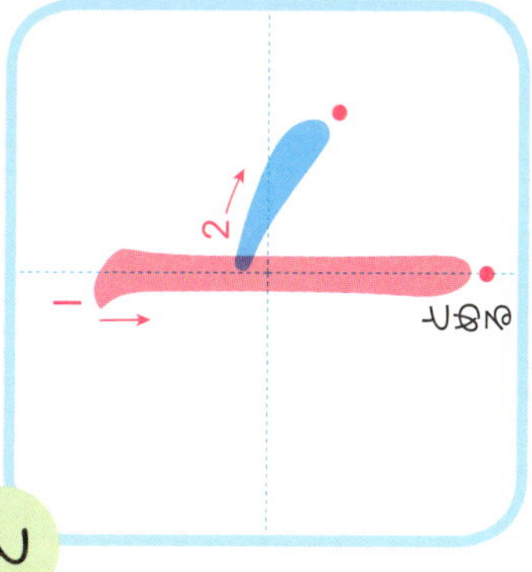

▼なぞりましょう。 ▼なぞりましょう。 ▼↓のところからかきましょう。 ▼かいてみましょう。

★ことばを　かいて　みましょう。
うすい　じは、なぞって　かきましょう。

トマト（と　ま　と）

トランプ（と　ら　ん　ぷ）

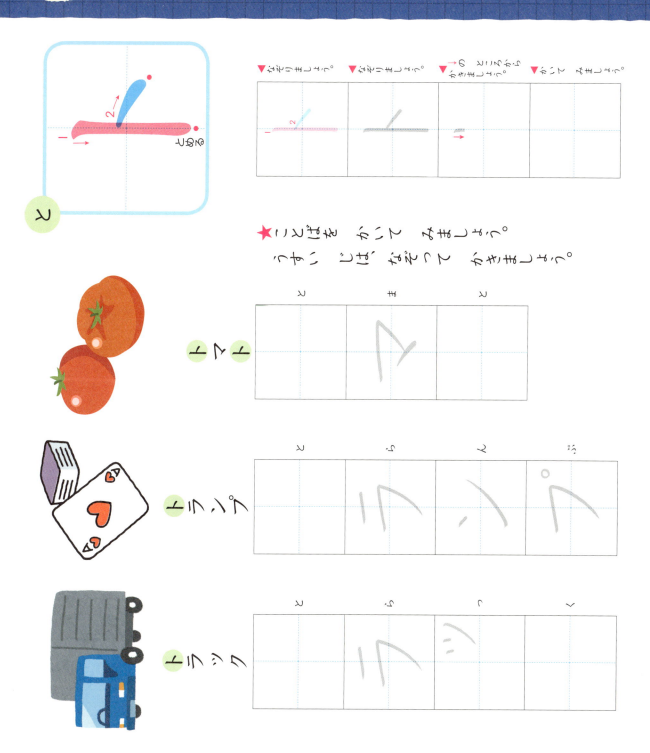

トラック（と　ら　っ　く）

32 ダヂヅデドのれんしゅう

「ヂ」と「ジ」、「ヅ」と「ズ」は、字は違いますが、読み方は同じです。

▼なぞりましょう。
▼なぞりましょう。
▼↓のところからかきましょう。
▼かいてみましょう。

ダ ダ

ヂ ヂ

ヅ ヅ

デ デ

ド ド

ダンプカー（だんぷかあ）

デパート（でぱあと）

ドーナツ（どうなつ）

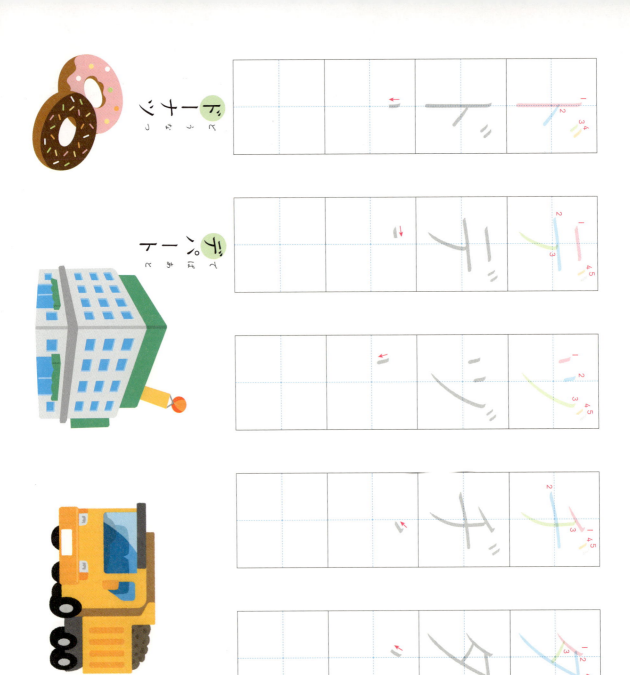

33 おどりの なまえ

外国のダンスやリズムの名前を集めました。
外国から伝わったものは、かたかなで表します。

せかいには　たくさんの　おどりが　あるよ。おどりの　なまえを
かこう。しって　いる　ものが　あれば、○で　かこみましょう。

★うすい　じは　なぞりましょう。

さ ん ば

ンバ

こ さ っ く だ ん す

ッ ン

ふ ら め ん こ

フラメン

た ん ご

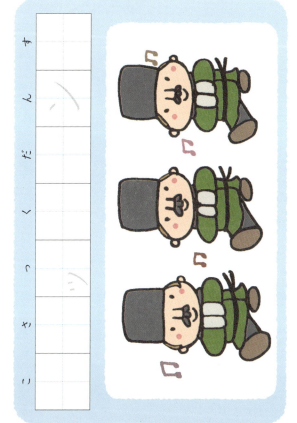

ン

34 ものがたりの なまえ

物語の名前を集めました。外国の人の名前や地名はかたかなで表します。

ものがたりの なまえを かこう。よんだ ことが ある ものがたりは、えを ○で かこみましょう。

★うすい じは なぞりましょう。

しんでれら
シンデレラ

がりばあ
ガリバー りょこうき

ぴのきお
ピノキオ

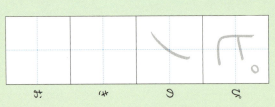

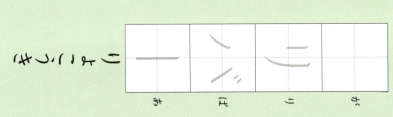

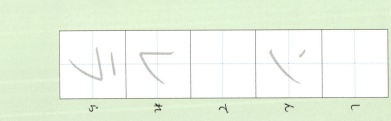

じゃっく
ジャック とまめのき

35 ナのれんしゅう

「チ」「テ」と形が似ています。一画目の向きと長さに注意して書きましょう。

な

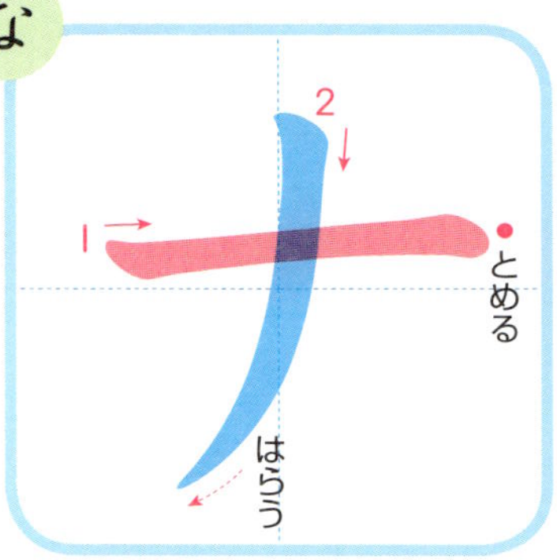

▼なぞりましょう。
▼なぞりましょう。
▼↓の　ところから　かきましょう。
▼かいて　みましょう。

★ことばを　かいて　みましょう。
うすい　じは、なぞって　かきましょう。

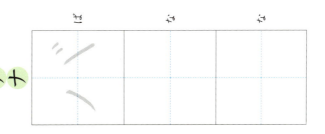

バナナ（ば な な）

ナイフ（な い ふ）

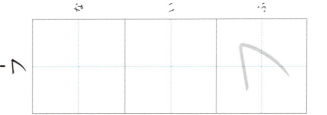

カナリア（か な り あ）

36 ニのれんしゅう

「エ」と形が似ています。形に注意して書きましょう。

に

1 → 2 → とめる

▶なぞりましょう。 ▶なぞりましょう。 ▶↓のところからかきましょう。 ▶かいてみましょう。

★ことばを　かいて　みましょう。
うすい　じは、なぞって　かきましょう。

ニュース（にゅうす）

マカロニ（まかろに）

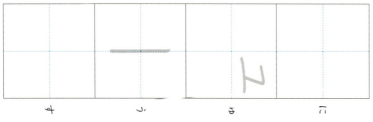

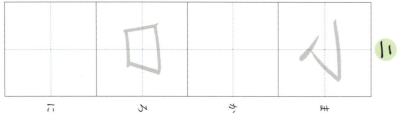

ピクニック（ぴくにっく）

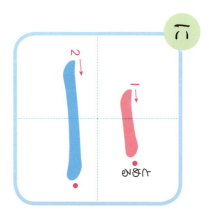

37 ヌ の れんしゅう

「ス」と形が似ています。二画目が一画目をつきぬけることに注意して書きましょう。

ぬ

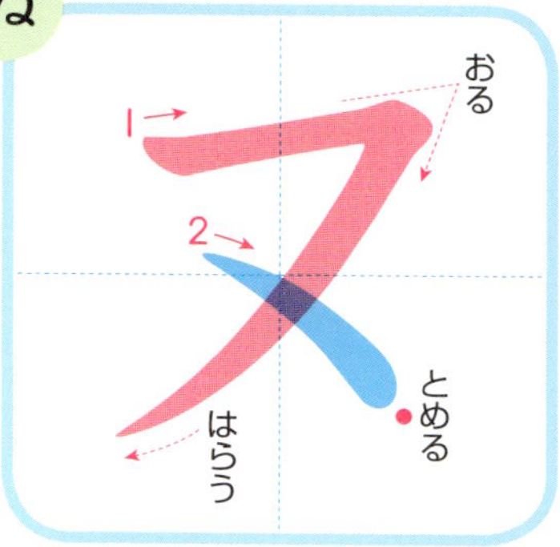

▼なぞりましょう。 ▼なぞりましょう。 ▼→の ところから かきましょう。 ▼かいて みましょう。

★ことばを かいて みましょう。
うすい じは、なぞって かきましょう。

ヌードル（ぬ う ど る）

カヌー（か ぬ う）

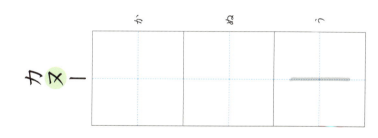

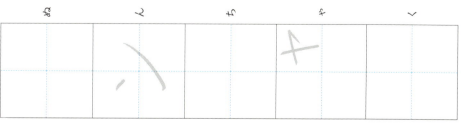

ヌンチャク（ぬ ん ち ゃ く）

38 ネのれんしゅう

形を整えるのが難しい字です。手本をよく見て、ゆっくりていねいに書きましょう。

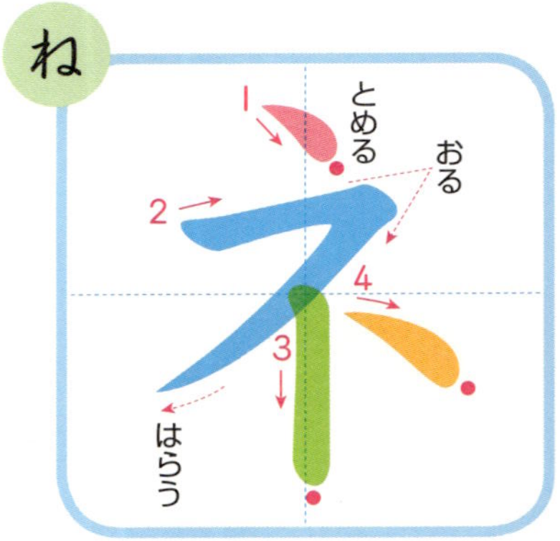

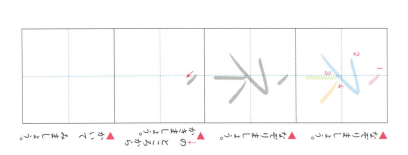

▶なぞりましょう。
▶なぞりましょう。
▶↓のところからかきましょう。
▶かいてみましょう。

★ことばを　かいて　みましょう。
うすい　じは、なぞって　かきましょう。

ネクタイ

ね く た い

トンネル

と ん ね る

ネックレス

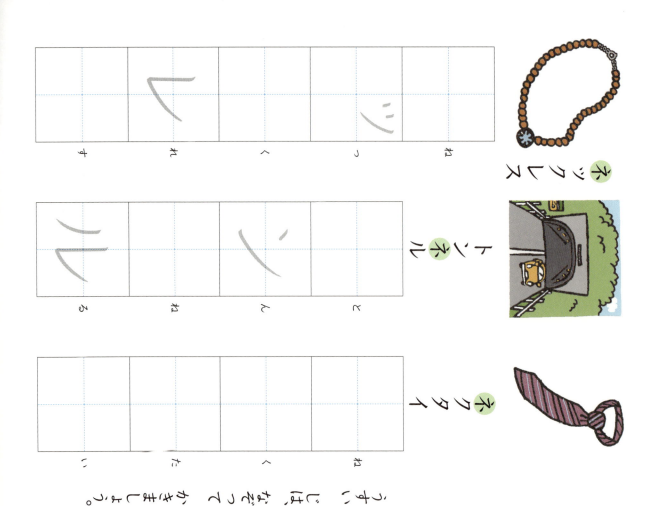

ね っ く れ す

39 ノのれんしゅう

はらう向きに注意して書きましょう。

の

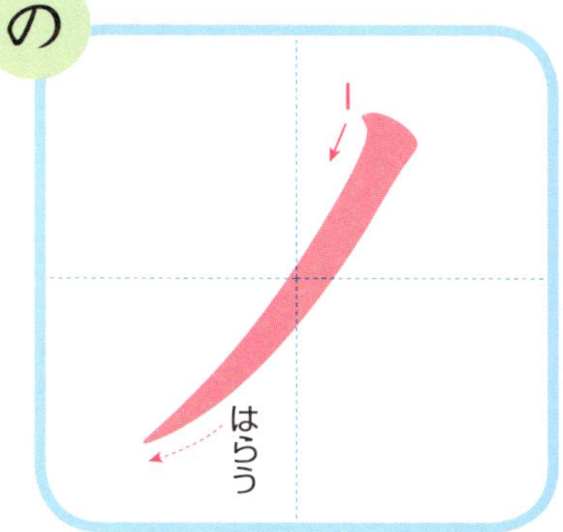

▼なぞりましょう。 ▼なぞりましょう。 ▼↓のところからかきましょう。 ▼かいてみましょう。

★ことばを かいて みましょう。
うすい じは、なぞって かきましょう。

ノート（の う と）

ピアノ（ぴ あ の）

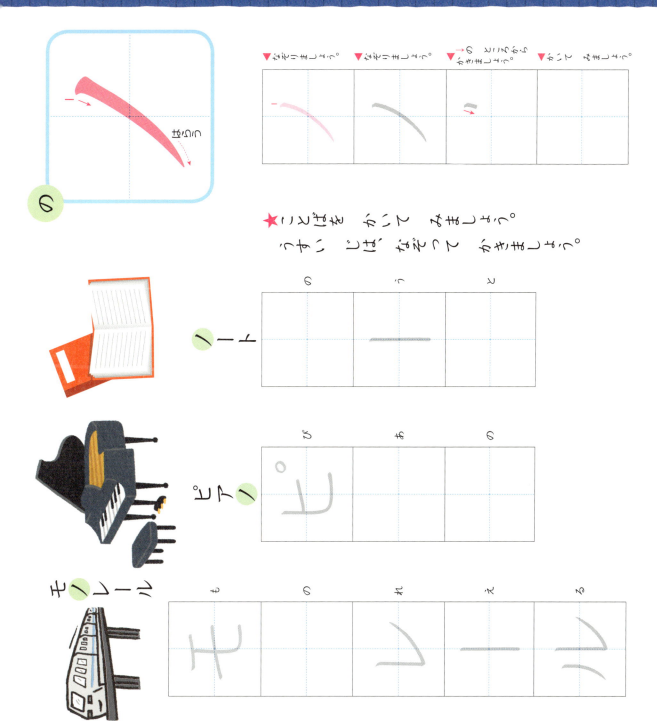

モノレール（も の れ え る）

動物の名前を集めました。「チーター」のようにのばす音（長音）の書き方に注意しましょう。

40 どうぶつの かけっこ

どうぶつが かけっこを して いるよ。いちばん はやいのは どの どうぶつかな。どうぶつの なまえを かいて、いちばん はやい どうぶつの えに ○を つけましょう。

★うすい じは なぞりましょう。

答えとまるつけのポイントは、78ページにあります。

41 ハ の れんしゅう

一画目ははらい、二画目はとめて書くことに注意しましょう。

は

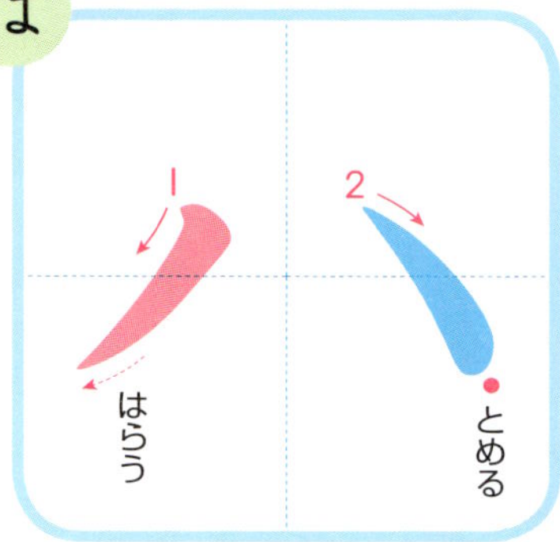

▼なぞりましょう。 ▼なぞりましょう。 ▼↓の ところから かきましょう。 ▼かいて みましょう。

★ことばを かいて みましょう。
うすい じは、なぞって かきましょう。

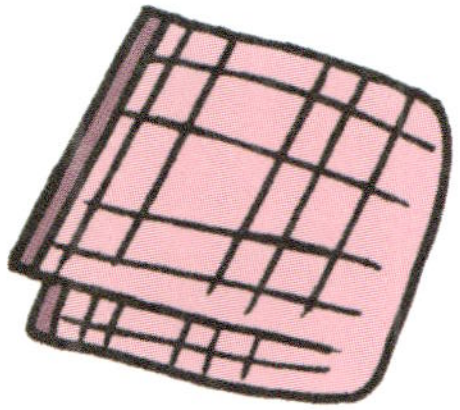

ハンカチ（は ん か ち）

ハーモニカ（は あ も に か）

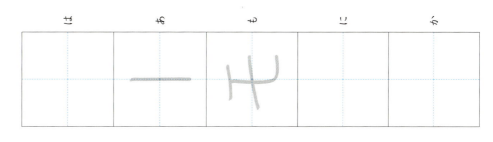

ハンバーグ（は ん ば あ ぐ）

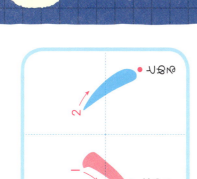

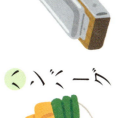

42 ヒのれんしゅう

「セ」と形が似ています。一画目は、とめて書くことに注意しましょう。

ひ

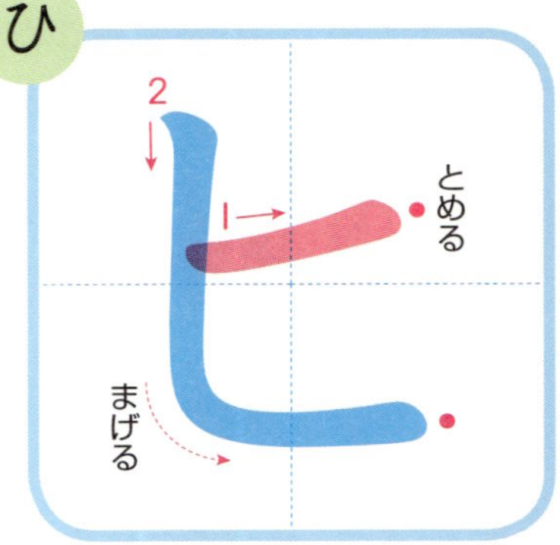

▼なぞりましょう。 ▼なぞりましょう。 ▼→のところからかきましょう。 ▼かいてみましょう。

★ことばを かいて みましょう。
うすい じは、なぞって かきましょう。

ヒット（ひ っ と）

コーヒー（こ う ひ い）

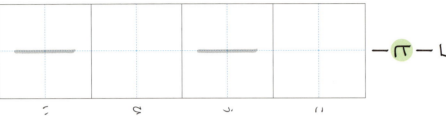

ヒヤシンス（ひ や し ん す）

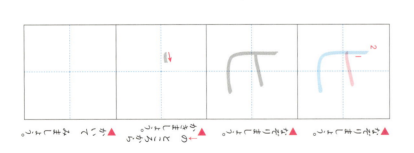

43 フのれんしゅう

ひと筆で書く字です。一度とめてから、おってはらいます。

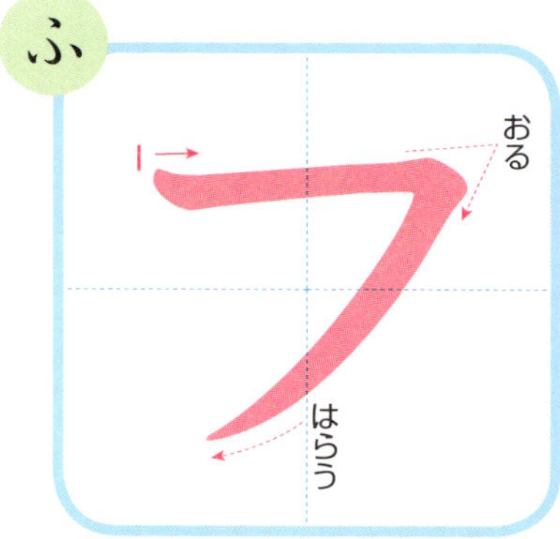

▼なぞりましょう。

▼なぞりましょう。

▼→のところからかきましょう。

▼かいて　みましょう。

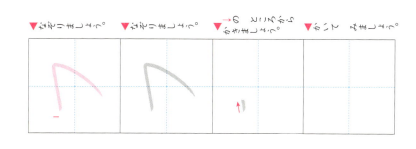

★ことばを　かいて　みましょう。
うすい　じは、なぞって　かきましょう。

フォーク（ふ お う く）

フルート（ふ る う と）

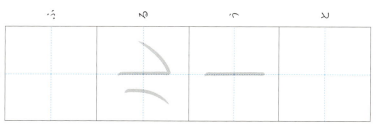

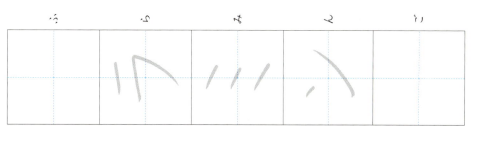

フラミンゴ（ふ ら み ん ご）

44 へ の れんしゅう

ひと筆で書く字です。形に注意して書きましょう。

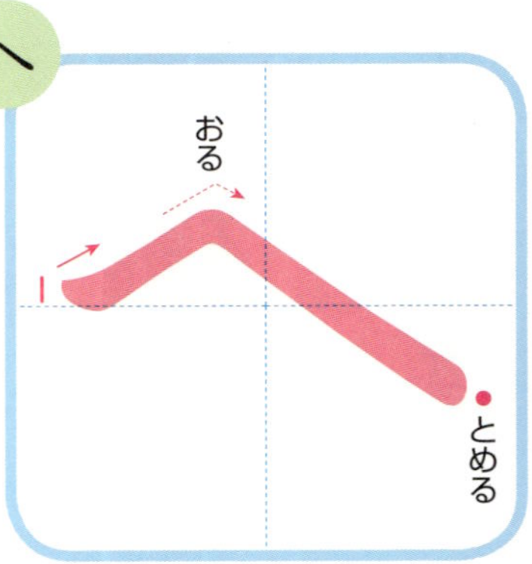

▶なぞりましょう。
▶なぞりましょう。
▶↓の　ところから　かきましょう。
▶かいて　みましょう。

★ことばを　かいて　みましょう。
うすい　じは、なぞって　かきましょう。

ヘアピン

へ あ ぴ ん

ヘルメット

へ る め っ と

ヘディング

へ で ぃ ん ぐ

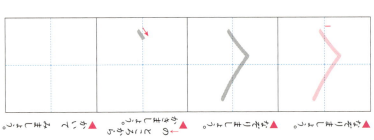

45 ホ の れんしゅう

形を整えるのが難しい字です。三・四画目の向きに注意して、ていねいに書きましょう。

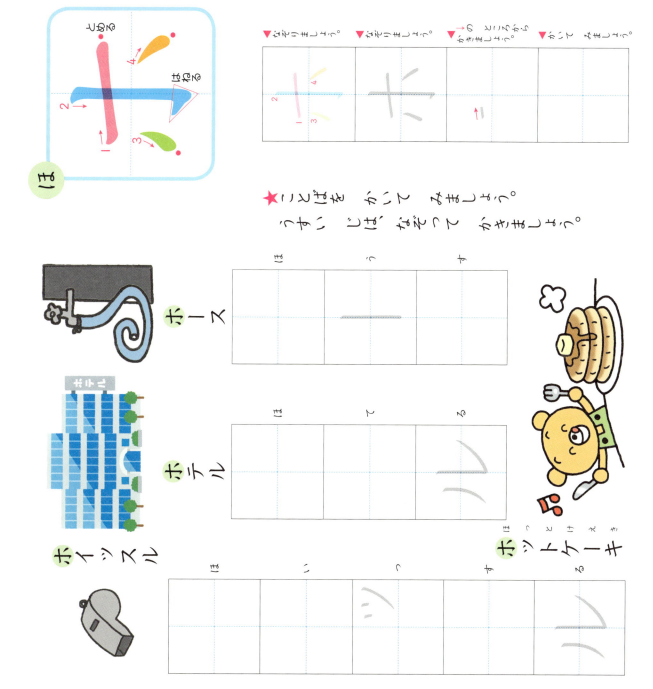

ほ

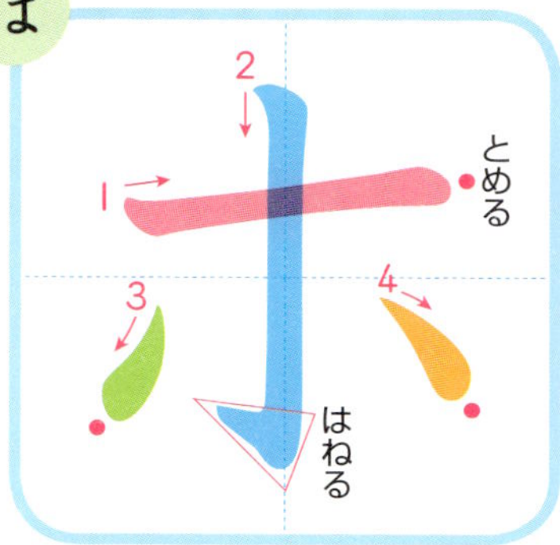

▶なぞりましょう。

▶なぞりましょう。

▶↓の　ところから　かきましょう。

▶かいて　みましょう。

★ことばを　かいて　みましょう。
うすい　じは、なぞって　かきましょう。

ホース（ほうす）

ホテル（ほてる）

ホイッスル（ほいっする）

ホットケーキ（ほっとけえき）

46 バビブベボのれんしゅう

「゜」（半濁点）と間違えやすいので注意しましょう。

▶なぞりましょう。
▶なぞりましょう。
▶↓のところからかきましょう。
▶かいてみましょう。

バス（ばす）

ビーバー（びいばあ）

ブラシ（ぶらし）

ベッド（べっど）

ボタン（ぼたん）

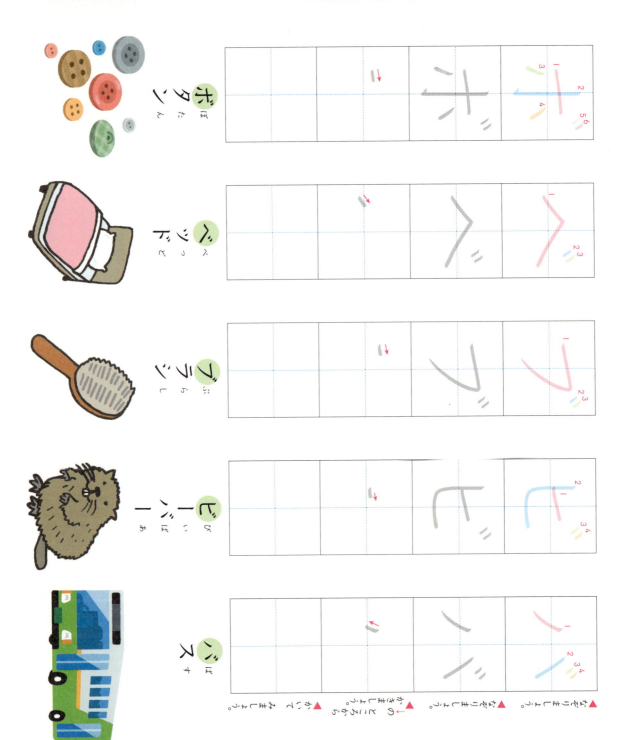

47 パピプペポのれんしゅう

「。」（半濁点）は、下から時計回りに書きます。

▼なぞりましょう。　▼なぞりましょう。　▼↓のところからかきましょう。　▼かいてみましょう。

パ パ

パンダ（ぱんだ）

ピ ピ

ピーマン（ぴいまん）

プ プ

プリン（ぷりん）

ペ ペ

ペンギン（ぺんぎん）

ポ ポ

ポスト（ぽすと）

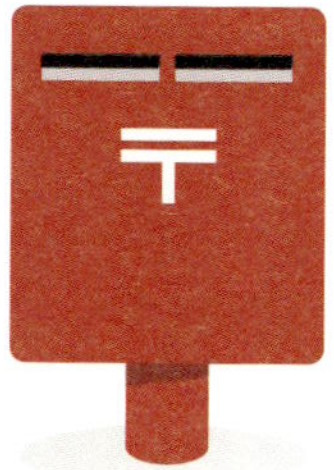

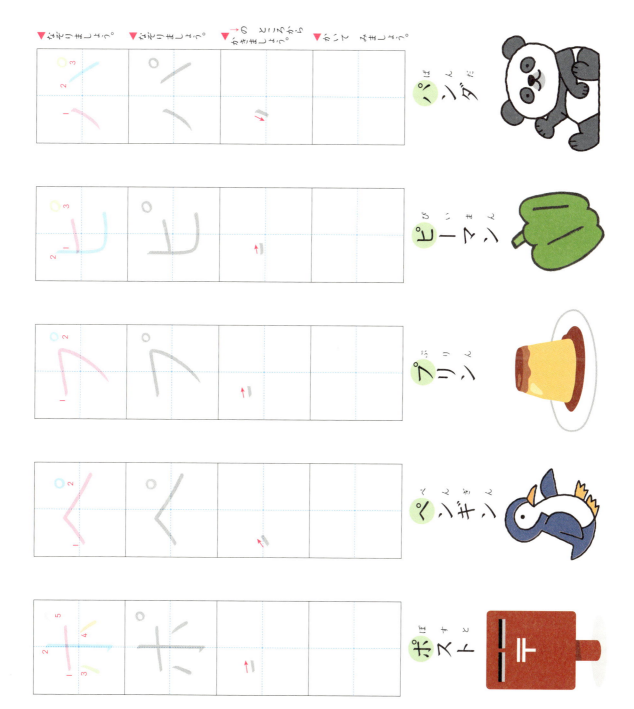

48 スポーツの なまえ

スポーツの名前を集めました。「バドミントン」は、書き間違えやすい言葉です。

スポーツの なまえを かこう。しって いる スポーツは えを ◯で かこみましょう。

★うすい じは なぞりましょう。

さっかあ

ー ツ ー

ばすけっとぼうる

ツ ー ル

ばどみんとん

ミ ン ン

あああちぇりい

ー ェ リ ー

しんくろないずどすいみんぐ

ン ロ ミ ン

49 マ の れんしゅう

「ア」と形が似ています。二画目の向きや長さに注意して書きましょう。

ま

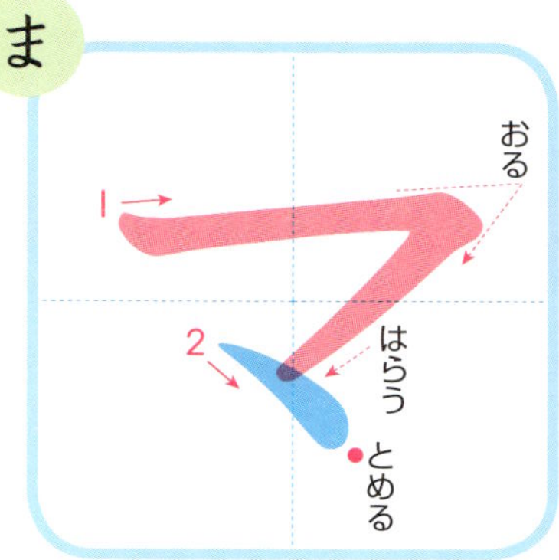

▼なぞりましょう。 ▼なぞりましょう。 ▼→の ところから かきましょう。 ▼かいて みましょう。

★ことばを かいて みましょう。
うすい じは、なぞって かきましょう。

マフラー（まふらあ）

マンモス（まんもす）

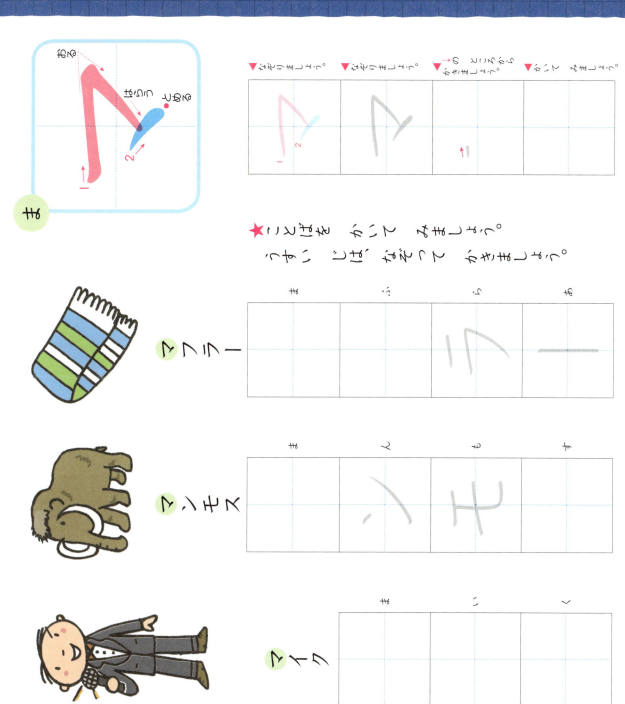

マイク（まいく）

50 ミ の れんしゅう

三画とも、とめて書きます。向きと長さに注意して書きましょう。

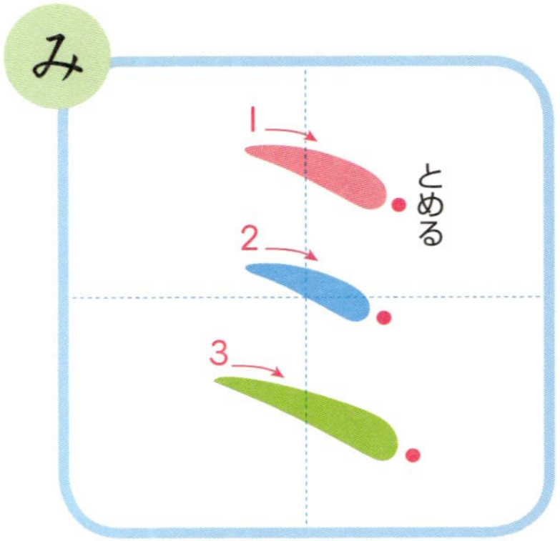

▲なぞりましょう。
▲なぞりましょう。
▲↓の ところから かきましょう。
▲かいて みましょう。

★ことばを かいて みましょう。
うすい じは、なぞって かきましょう。

ミシン (み し ん)

ミルク (み る く)

ミイラ (み い ら)

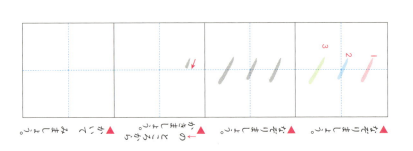

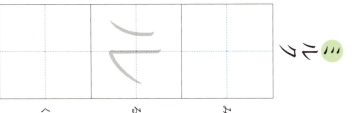

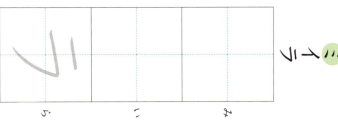

51 ムのれんしゅう

一画目の「𠃋」はひと筆で、二画目の最後はとめて書きます。

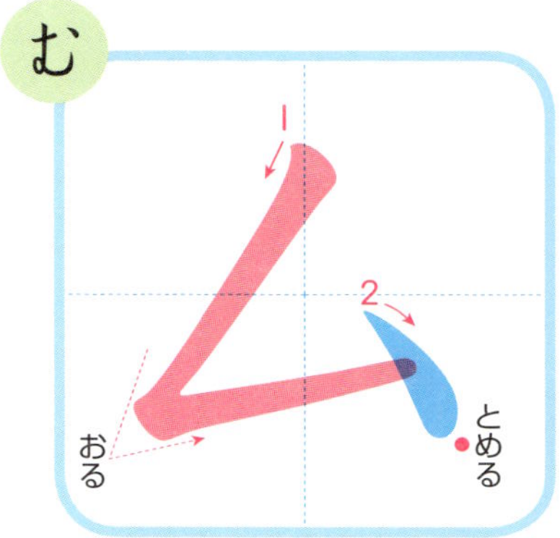

▼なぞりましょう。　▼なぞりましょう。　▼↓の ところから かきましょう。　▼かいて みましょう。

★ことばを かいて みましょう。
うすい じは、なぞって かきましょう。

ムニエル（むにえる）

ジャム（じゃむ）

ハム（はむ）

ユニホーム（ゆにほうむ）

52 メのれんしゅう

「ナ」と形が似ています。二画目の長さや向きに注意して書きましょう。

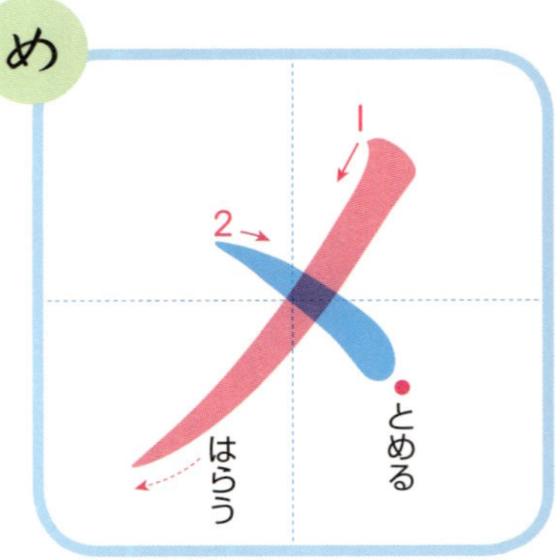

▼なぞりましょう。

▼なぞりましょう。

▼↓の ところから かきましょう。

▼かいて みましょう。

★ことばを かいて みましょう。
うすい じは、なぞって かきましょう。

ラーメン（ら・あ・め・ん）

メロン（め・ろ・ん）

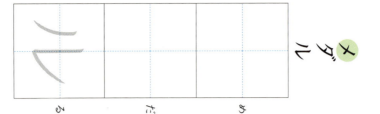

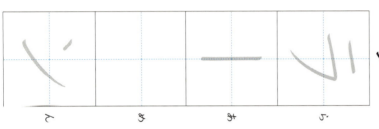

メダル（め・だ・る）

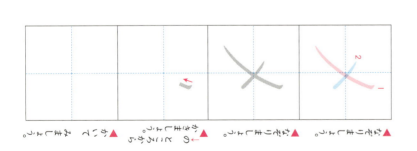

53 モのれんしゅう

ひらがなの「も」と形が似ています。三画目の形「し」はゆっくりていねいに書きましょう。

も

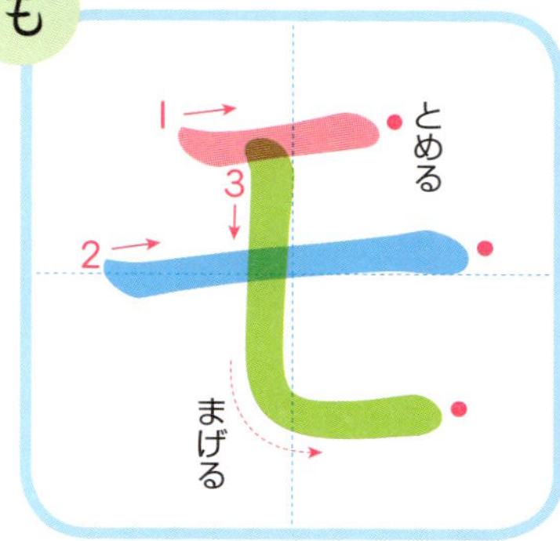

▼なぞりましょう。 ▼なぞりましょう。 ▼→のところからかきましょう。 ▼かいてみましょう。

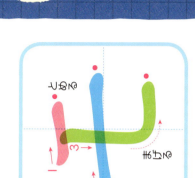

★ことばを　かいて　みましょう。
うすい　じは、なぞって　かきましょう。

モップ（もっぷ）

レモン（れもん）

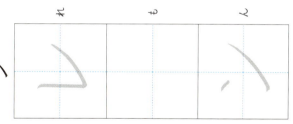

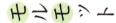

モルモット（もるもっと）

54 ヤユヨのれんしゅう

「ヤ」とひらがなの「や」、「ユ」と「コ」は形が似ています。書き分けに注意しましょう。

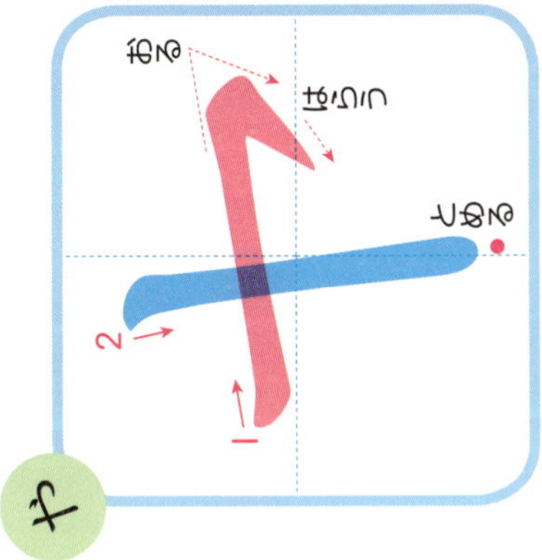

▼なぞりましょう。
▼なぞりましょう。
▼↓のところからかきましょう。
▼かいてみましょう。

タイヤ（たいや）

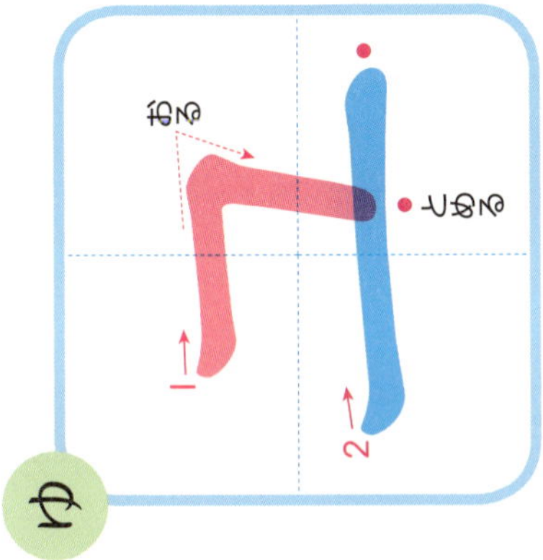

ユーフォー（ゆうふおう）

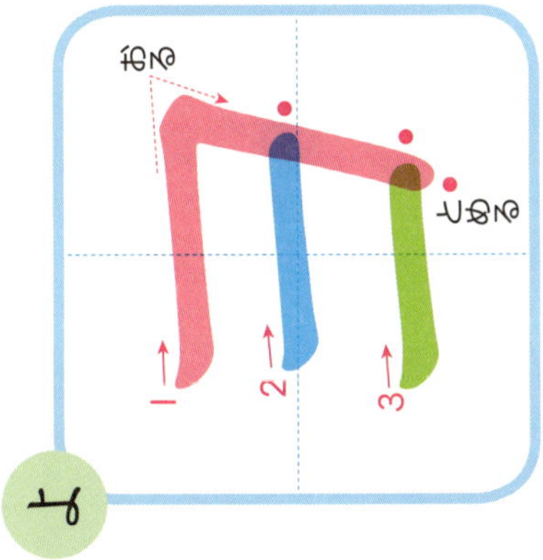

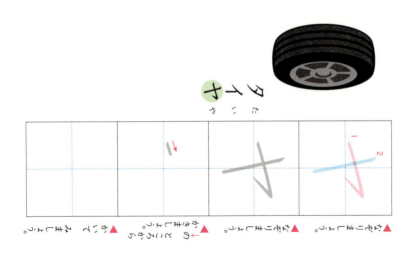

ヨット（よっと）

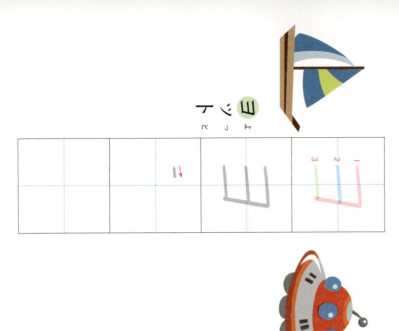

55 ちいさい ャュョッ の れんしゅう

小さく書く字（拗音）は、縦書きでは、右上に書きます。書く位置や大きさに注意しましょう。

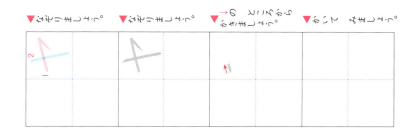

▲なぞりましょう。

▲なぞりましょう。

▲↓の ところから かきましょう。

▲かいて みましょう。

パジャマ（ぱじゃま）

シューマイ（しゅうまい）

チョコレート（ちょこれえと）

ビスケット（びすけっと）

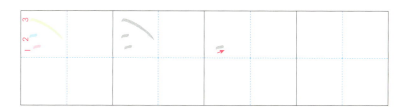

まだ習っていない字は、68・69ページの「かたかなひょう」を見ながら、進めましょう。

56 おふろに はいろう

おふろに はいるよ。ただしい ほうを ○で かこんで すすみましょう。

ソックス / リックス を ぬぐ。

→

シャンプー / シャンプー で あらう。

↓

シャワー / シャウー を あびる。

←

ゆぶねに ザブン / ザブソ と つかる。

↓

タオレ / タオル で ふく。

→

パジャマ / パジャマ を きる。

答えと まるつけの ポイントは、78ページに あります。

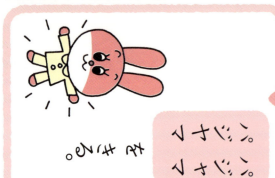

57 ラのれんしゅう

「フ」と形が似ています。一画目を書き忘れないようにしましょう。

ら

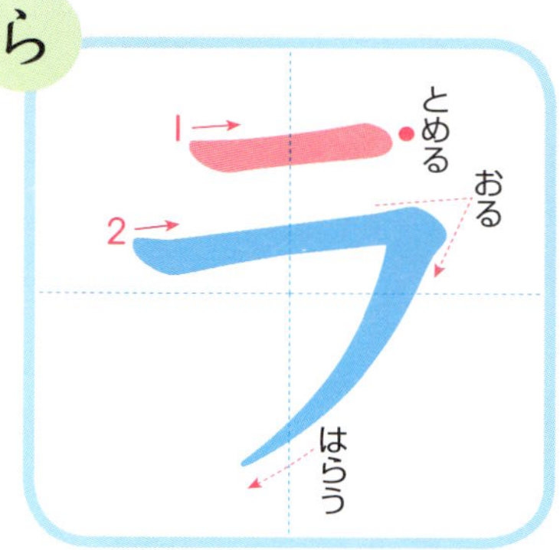

▼なぞりましょう。 ▼なぞりましょう。 ▼のところからかきましょう。 ▼かいてみましょう。

★ことばを かいて みましょう。
うすい じは、なぞって かきましょう。

ライオン

ら い お ん

ドライヤー

ど ら い や あ

ランドセル

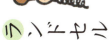

ら ん ど せ る

58 リのれんしゅう

ひらがなの「り」と形が似ています。一画目は、はねずにとめることに注意しましょう。

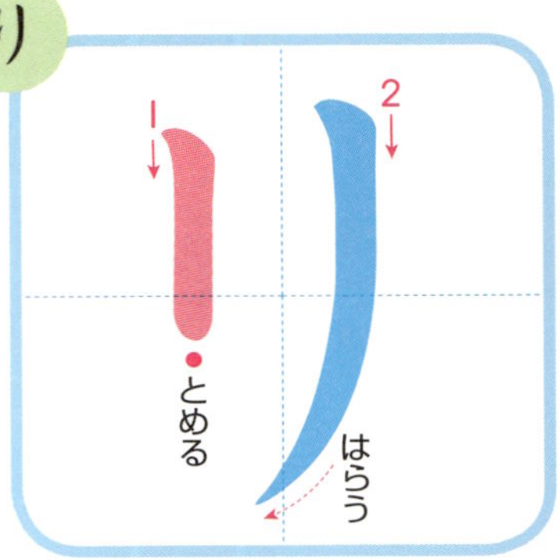

▼なぞりましょう。
▼なぞりましょう。
▼↓の ところから かきましょう。
▼かいて みましょう。

★ことばを かいて みましょう。
うすい じは、なぞって かきましょう。

リレー（り れ え）

ゴリラ（ご り ら）

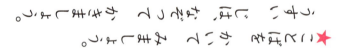

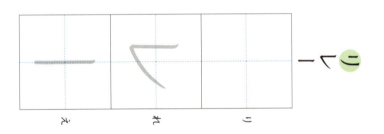

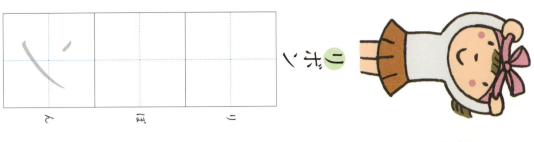

リボン（り ぼ ん）

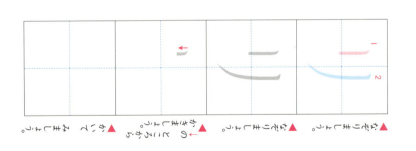

59 ルのれんしゅう

二画目は、おってからはらいます。形に注意して書きましょう。

る

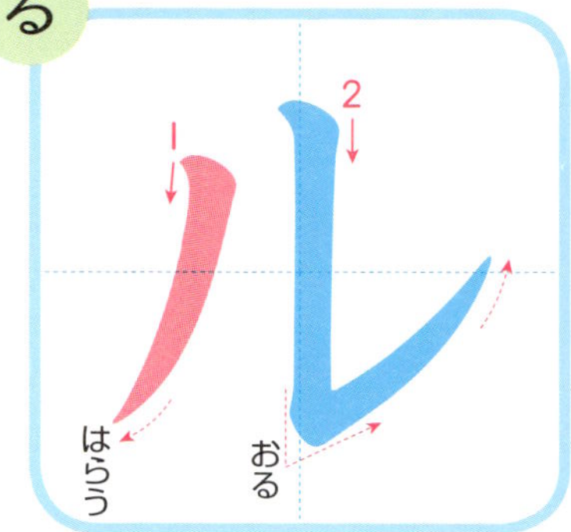

▼なぞりましょう。 ▼なぞりましょう。 ▼↓のところからかきましょう。 ▼かいてみましょう。

★ことばを かいて みましょう。
うすい じは、なぞって かきましょう。

ルビー（るびい）

プール（ぷうる）

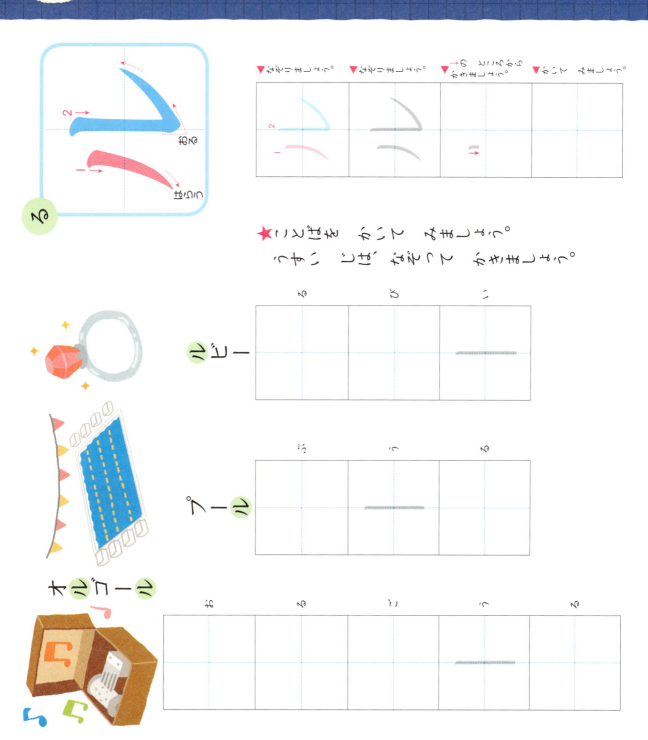

オルゴール（おるごうる）

60 レのれんしゅう

「ル」やひらがなの「し」と形が似ています。書き分けに注意しましょう。

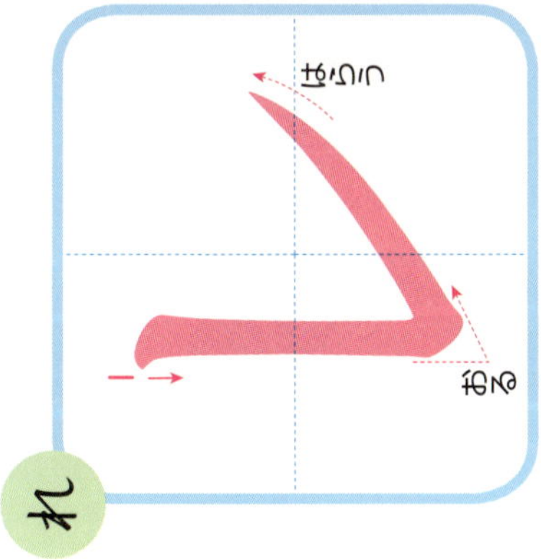

▼なぞりましょう。
▼なぞりましょう。
▼↓のところからかきましょう。
▼かいてみましょう。

★ことばを　かいて　みましょう。
うすい　じは、なぞって　かきましょう。

レタス（れ・た・す）

クレーン（く・れ・ え・ん）

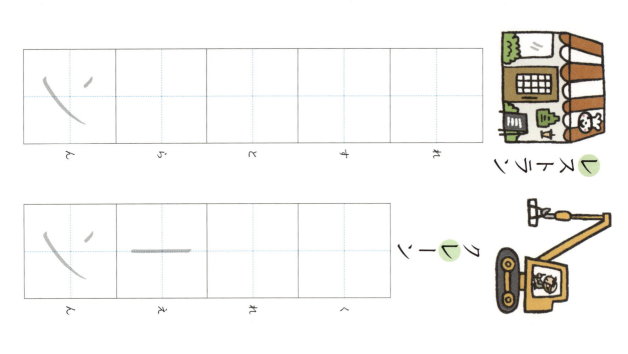

レストラン（れ・す・と・ら・ん）

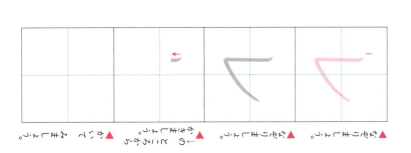

61 ロ のれんしゅう

書き順を間違えやすい字です。お手本を見ながら、ゆっくりていねいに書きましょう。

ろ

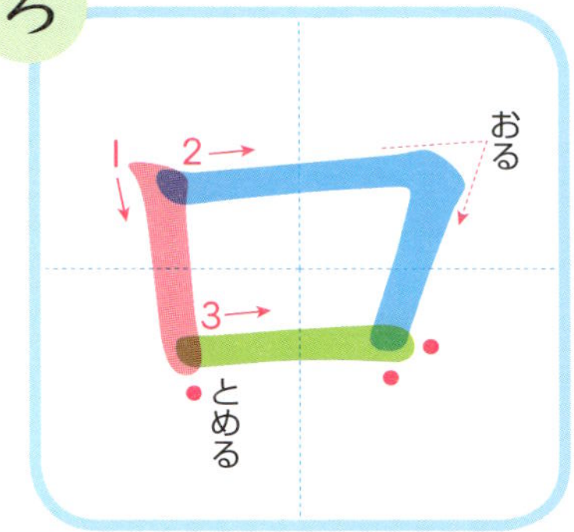

▼なぞりましょう。 ▼なぞりましょう。 ▼↓の ところから かきましょう。 ▼かいて みましょう。

★ことばを かいて みましょう。

ロケット

ろ け っ と

コロッケ

こ ろ っ け

ロボット

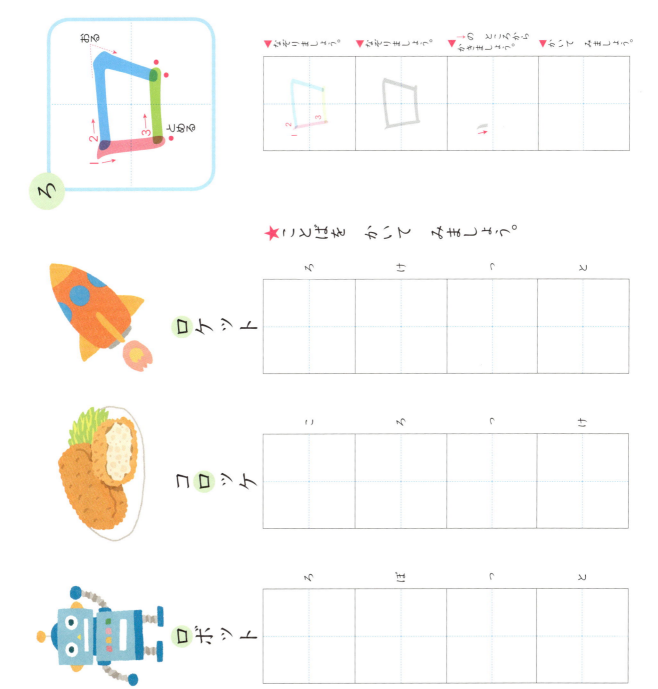

ろ ぼ っ と

62 ワヲンのれんしゅう

「ワ」と「ウ」、「ヲ」と「ヲ」は形が似ています。また、「ヲ」は書き順を間違えやすいので注意しましょう。

▼なぞりましょう。 ▼なぞりましょう。 ▼↓のところからかきましょう。 ▼かいてみましょう。

わ

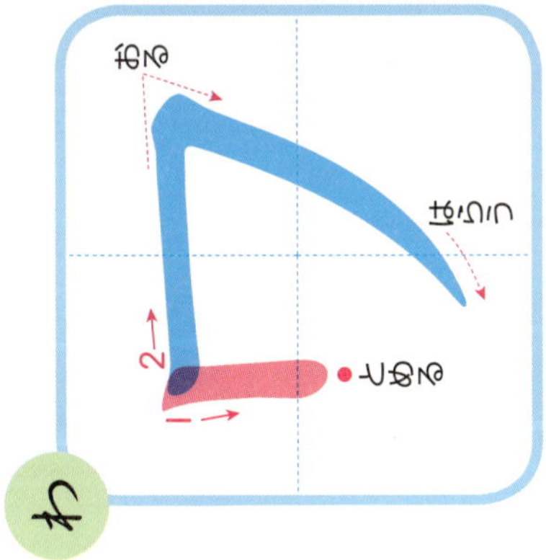

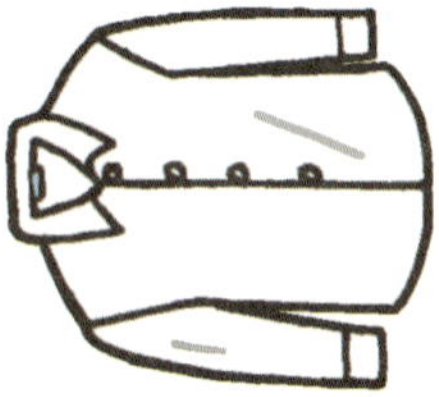

ワ(わ)イ(い)シ(し)ャ(ゃ)ツ(つ)

を

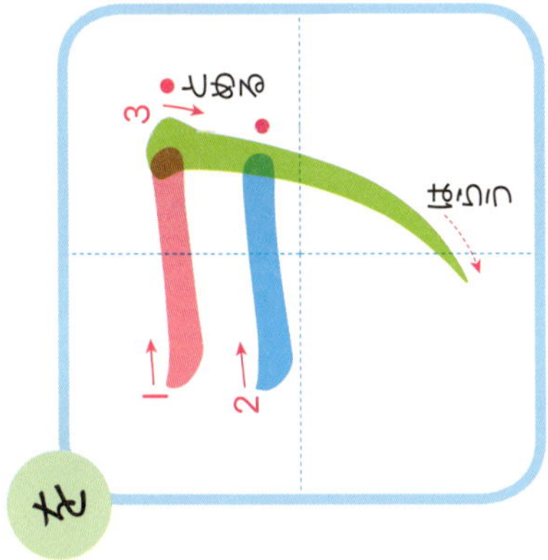

ん

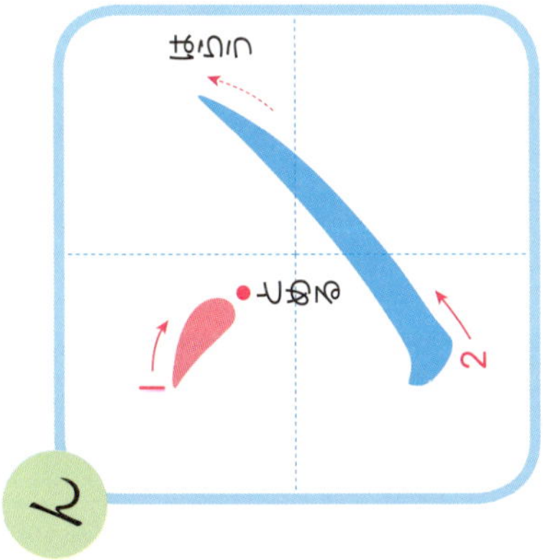

ト(と)ラ(ら)ン(ん)ポ(ぽ)リ(り)ン(ん)

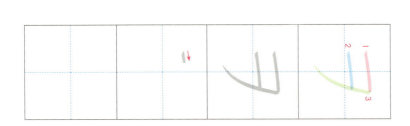

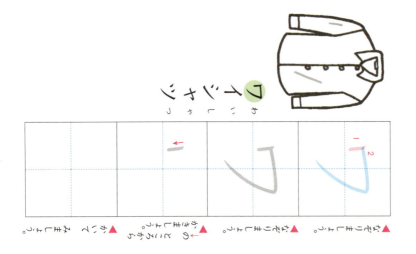

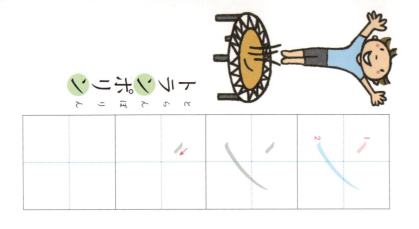

63 がっきの なまえ

オーケストラで使われる楽器の名前を集めました。

おんがくかいに　いったよ。どんな　がっきが　あるのかな。
がっきの　なまえを　かきましょう。

★うすい　じは　なぞりましょう。

したのような　がっきを　つかって、
おおぜいで　えんそうする　なかまを
オーケストラ（おうけすとら）と　いいます。

おうけすとら

しんばる

ていんぱに

おうぼえ

はあぷ

こんとらばす

64 なにを たべるのかな

「ゲッ」「ティ」「フェ」の小さい字（拗音）は、横書きでは、左下に書きます。

たべものの なまえを かこう。すきな たべものの えを ○で かこみましょう。

★うすい じは なぞりましょう。

65 どんな なきごえかな

動物の鳴き声を集めました。鳴き声は、かたかなで表します。

どうぶつの なきごえを かきましょう。

かえる

け ろ け ろ

うま

ひ ひ い ん

にわとり

こ け こ っ こ う

ライオン（らいおん）

が お う

ねこ

に ゃ あ に ゃ あ

答えとまるつけのポイントは、79ページにあります。

ファッションに関する言葉を集めました。のばす音（長音）の表し方に注意しましょう。

66 みに つける ものの なまえ

みに つけて いるのは なにかな。ひらがなで かいて ある ことばと おなじ ことばを せんで むすびましょう。

ますく	エプロン 
まふらあ	ジャンパー 
ぶうつ	マスク 
えぷろん	ブーツ 
じゃんぱあ	マフラー 

答えとまるつけのポイントは、79ページにあります。

67 しごとの なまえ

かたかなで書く職業を集めました。絵を見ながら、声に出して読み、どのような仕事なのかを親子で話してみましょう。

かたかなで　かかれた　しごとの　なまえだけを　とおって、スタートから　ゴールまで　すすみましょう。

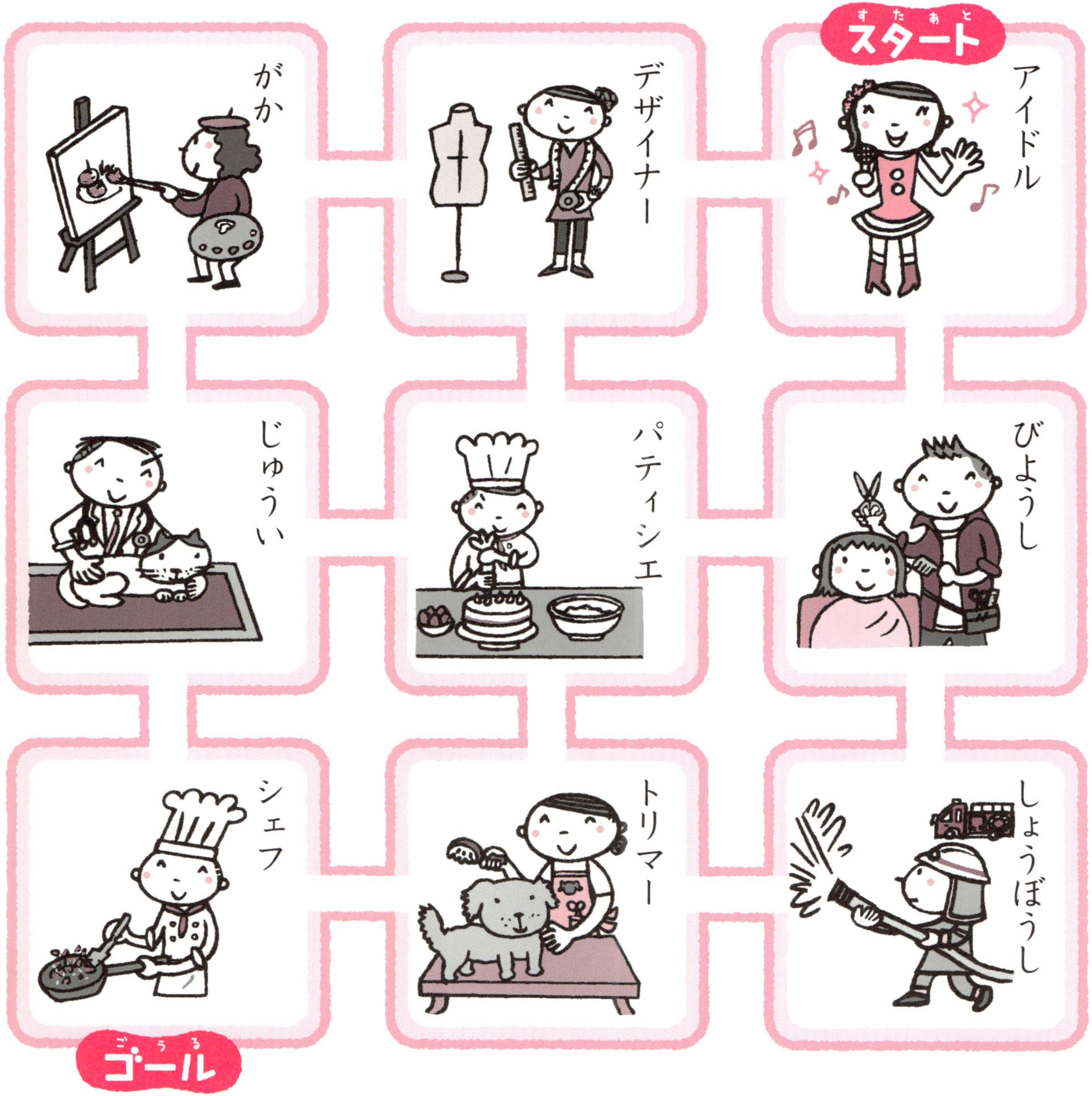

答えとまるつけのポイントは、79ページにあります。

かたかなひょう

ヤ	マ	ハ	ナ	タ	サ	カ	ア
	ミ	ヒ	ニ	チ	シ	キ	イ
ユ	ム	フ	ヌ	ツ	ス	ク	ウ
	メ	ヘ	ネ	テ	セ	ケ	エ
ヨ	モ	ホ	ノ	ト	ソ	コ	オ

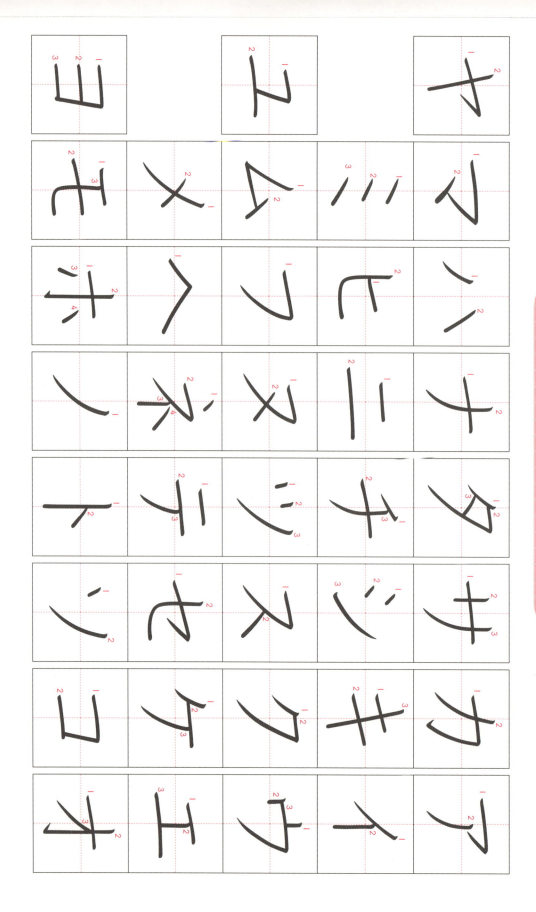

かたかなひょう

ラ リ ル レ ロ

ワ ヲ

ン

★のばす おん

ー

★「゛」が つく かたかな

ガ ギ グ ゲ ゴ

ザ ジ ズ ゼ ゾ

ダ ヂ ヅ デ ド

バ ビ ブ ベ ボ

★「゜」が つく かたかな

パ ピ プ ペ ポ

★ちいさな かたかな

ャ ュ ョ

ッ

70 1・2のれんしゅう

数字の形と書き順を練習します。左の亀の絵から、数字の並びを理解しましょう。

いち 1

▼なぞりましょう。 ▼なぞりましょう。 ▼→のところからかきましょう。 ▼かいてみましょう。 ▼かいてみましょう。

に 2

▼なぞりましょう。 ▼なぞりましょう。 ▼→のところからかきましょう。 ▼かいてみましょう。 ▼かいてみましょう。

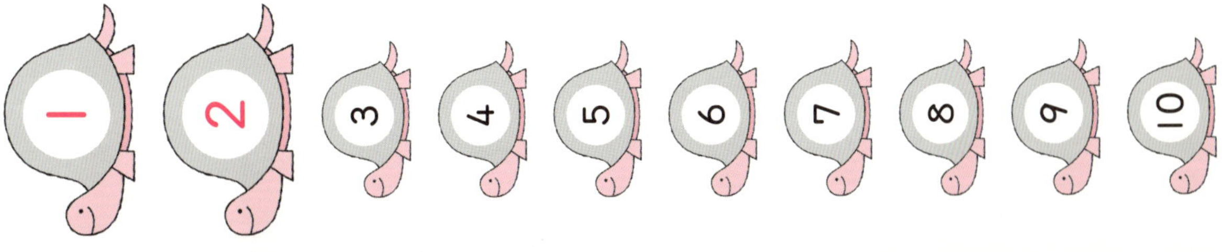

71 3・4のれんしゅう

「4」は二画で書きます。

さん

3

▼なぞりましょう。

▼なぞりましょう。

▼↓の　ところから　かきましょう。

▼かいて　みましょう。

▼かいて　みましょう。

し(よん)

4

▼なぞりましょう。

▼なぞりましょう。

▼↓の　ところから　かきましょう。

▼かいて　みましょう。

▼かいて　みましょう。

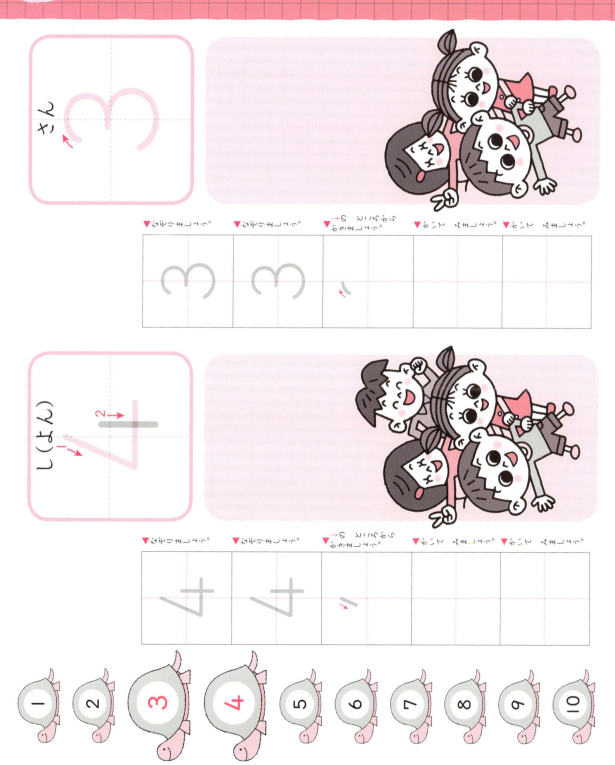

72 5・6のれんしゅう

「5」は二画で書きます。

ご

5

▼なぞりましょう。

▼なぞりましょう。

▼↓の　ところから
かきましょう。

▼かいて　みましょう。

▼かいて　みましょう。

ろく

6

▼なぞりましょう。

▼なぞりましょう。

▼↓の　ところから
かきましょう。

▼かいて　みましょう。

▼かいて　みましょう。

1　2　3　4　5　6　7　8　9　10

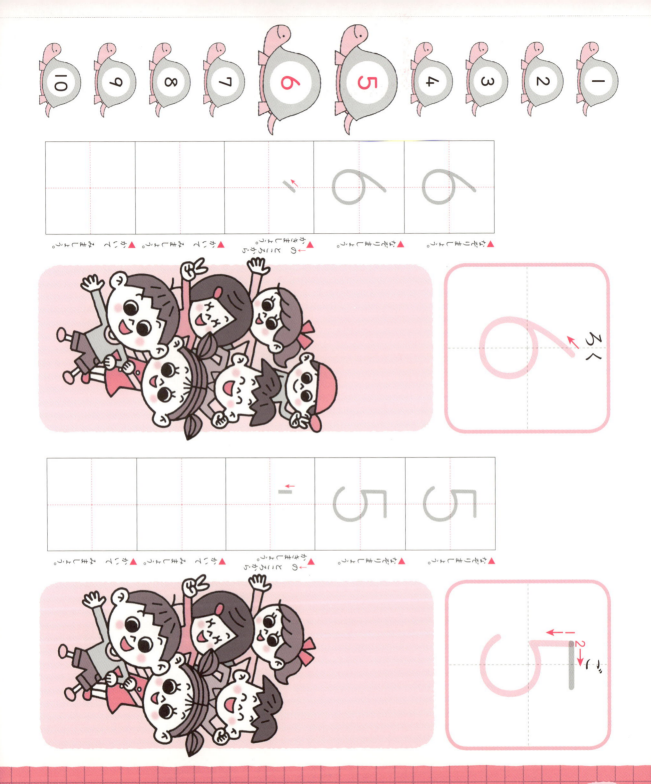

73 7・8のれんしゅう

「7」は二画で書きます。

しち（なな）

7

▼なぞりましょう。

▼なぞりましょう。

▼↓のところからかきましょう。

▼かいて　みましょう。

▼かいて　みましょう。

はち

8

▼なぞりましょう。

▼なぞりましょう。

▼↓のところからかきましょう。

▼かいて　みましょう。

▼かいて　みましょう。

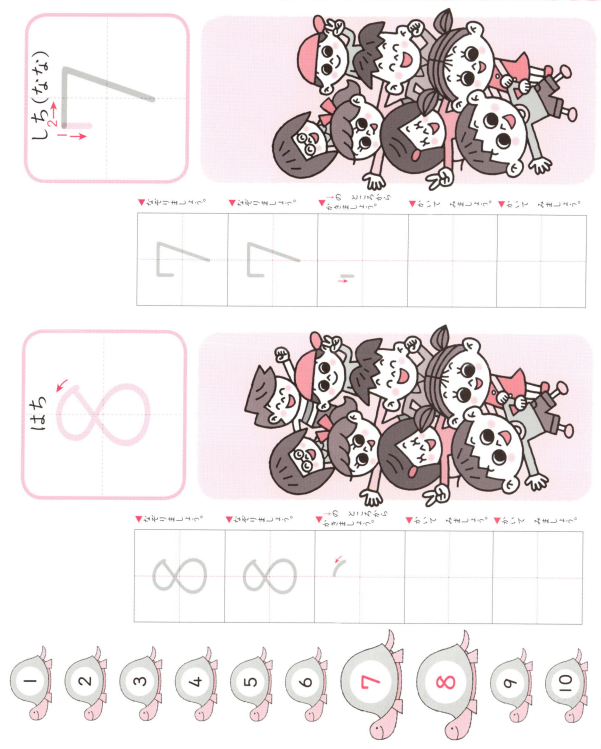

74 9・10のれんしゅう

「0」は、上から時計回りと逆に書くことに注意しましょう。

9 く（きゅう）

▼なぞりましょう。 ▼なぞりましょう。 ▼↓のところからかきましょう。 ▼かいてみましょう。 ▼かいてみましょう。

10 じゅう

▼なぞりましょう。 ▼なぞりましょう。 ▼↓のところからかきましょう。 ▼かいてみましょう。 ▼かいてみましょう。

75 パンを いくつ かうの?

パンの数を数字で表すことができるか確認します。数えるときは、声に出して数えましょう。

どうぶつたちが パンを かいに きたよ。
ロールパンの かずを かぞえて かきましょう。

ロールパンの かず

★パンダ 　　こ

★ぞう 　　こ

★うさぎ 　　こ

答えとまるつけのポイントは、80ページにあります。

かたかなの復習と数字の練習です。乗り物の名前をかたかなで書きましょう。

76 8にん のって いるのは？

ゆうえんちに きたよ。のりものの なまえを かたかなで かこう。

また、ひとが 8にん のって いる のりものの えを ◯で かこみましょう。

答えとまるつけのポイントは、80ページにあります。

3

それぞれの字の形の特徴に着目させます。「し」は、形の似ている「も」と間違えやすいので、「一回（ひと筆）で書く字だね」などと声をかけてあげましょう。

はっぱに　かいて　ある　ひらがなは　なにかな。

□に　ひらがなを　かきましょう。

む　あ　お　し

はっぱに　かかれた　よっつの　じを　ならべかえて　ことばを　つくりましょう。

あおむし

答えとまるつけのポイントは、77ページにあります。

4

風船の字から、言葉を作るのは難しいかもしれません。絵を指しながら、「これは何かな」とたずねてみましょう。ひらがなの形は、風船の字を見本にして書きます。

ふうせんに　かいて　ある　じから　えらんで、えの　ものの　なまえを　かきましょう。

★うすい　じは　なぞりましょう。

ゆびわ　はさみ　めがね　ひよこ　くるま

答えとまるつけのポイントは、77ページにあります。

10

読み方は同じでも、ひらがなとかたかなでは字の形が異なることに着目させます。最初の「ア」と「あ」の分かれ道で、「かたかなはどっちかな。」と声をかけてあげましょう。

かたかなで　かいて　ある　ほうを　とおって、●から　★まで　すすもう。とおった　かたかなを　じゅんに　よんで　みましょう。

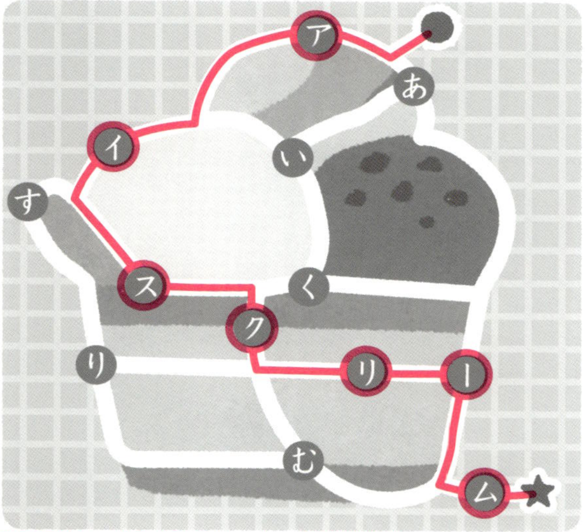

答えとまるつけのポイントは、77ページにあります。

※順に読むと、「アイスクリーム」になります。

17

「か」と「カ」、「き」と「キ」、「こ」と「コ」は、読みが同じで、形が似ているので、間違えやすい字です。注意しましょう。

かたかなを　みつけて　いろを　ぬろう。なんの　えが　でて　くるでしょう。

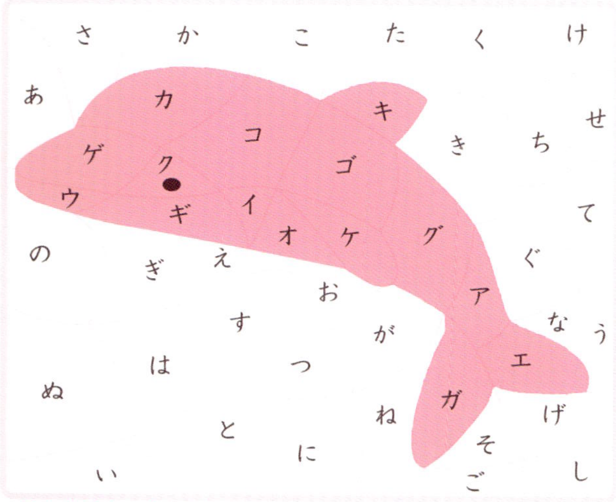

答えとまるつけのポイントは、77ページにあります。

17 ※色をぬると、「いるか」が出てきます。

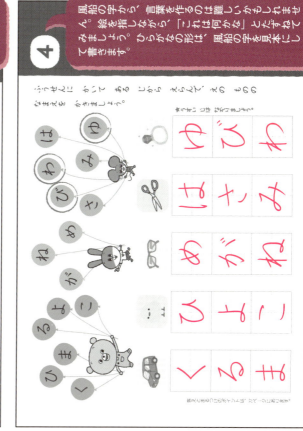

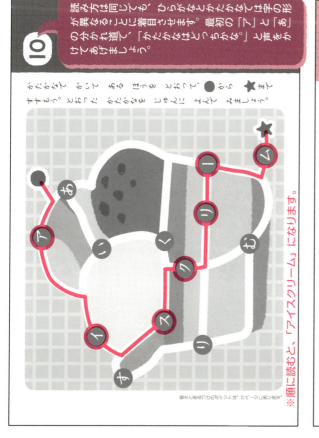

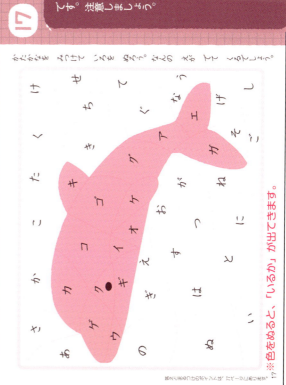

18

形が似ている「カ」と「ガ」、「キ」と「モ」を間違えないように注意しましょう。また、「カ→キ→ク→ケ→コ」の順にも注意します。

あたまの　もじが　カ→キ→ク→ケ→コの　じゅんに　なるように、スタートから　ゴールまで　すすみましょう。

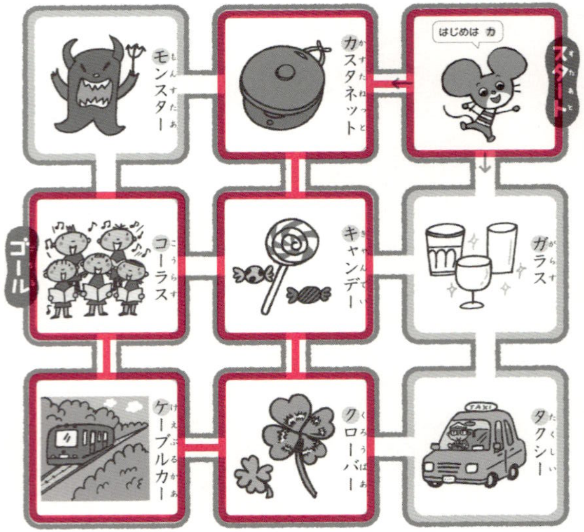

答えとまるつけのポイントは、78ページにあります。

26

形の似ている字を集めています。「ソ」と「ン」、「コ」と「ユ」、「ス」と「ヌ」、「ス」と「ズ」に注意しましょう。

サンドイッチを　つくろう。パンに　なにを　のせるかな。ただしい　ほうを　○で　かこみましょう。

答えとまるつけのポイントは、78ページにあります。

40

動物のかけっこの場面です。「いちばん速い」という意味がわかりにくいときは、「いちばん最初にゴールしたのは、どの動物かな。」と声をかけてあげましょう。

どうぶつが　かけっこを　して　いるよ。いちばん　はやいのは　どの　どうぶつかな。どうぶつの　なまえを　かいて、いちばん　はやい　どうぶつの　えに　○を　つけましょう。

★うすい　じは　なぞりましょう。

答えとまるつけのポイントは、78ページにあります。

56

それぞれの場面で、「何をしているのかな。」とたずねましょう。形の似ている「ソ」と「リ」、「プ」と「ブ」、「ワ」と「ウ」、「ル」と「レ」に注意します。

おふろに　はいるよ。ただしい　ほうを　○で　かこんで　すすみましょう。

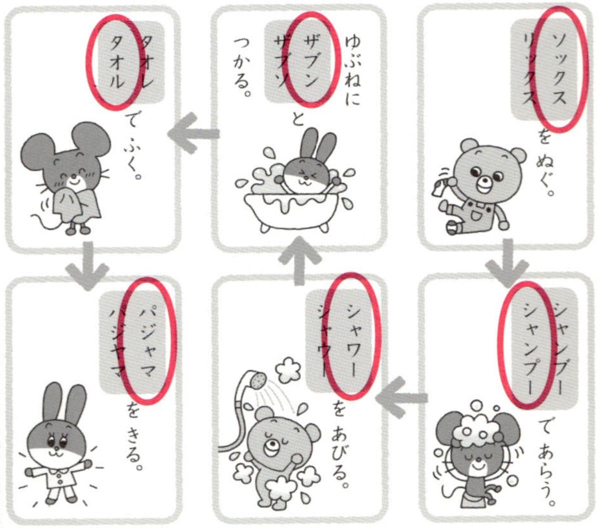

答えとまるつけのポイントは、78ページにあります。

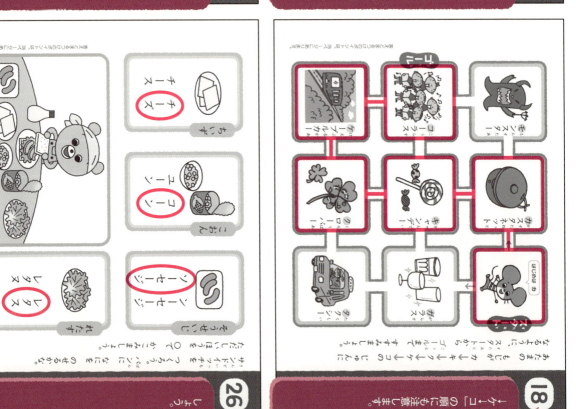

65

動物の鳴き声など、擬音語はかたかなで表します。小さく書く「ッ」「ャ」の書く位置に注意しましょう。

どうぶつの　なきごえを　かきましょう。

のばす　おんは「ー」と　かくよ。

かえる	うま	にわとり	ライオン	ねこ
ケロケロ	ヒヒーン	コケコッコー	ガオー	ニャーニャー

小さい「ャ」「ュ」「ョ」「ッ」は縦書きの場合、の■に書きます。

のばす音は「｜」のように書きます。

例　こけこっこう

コケコッコー

66

「ジャンパー」「ブーツ」「マフラー」の中にある、のばす音の書き方に注意しましょう。

みに　つけて　いるのは　なにかな。ひらがなで　かいて　ある　ことばと　おなじ　ことばを　せんで　むすびましょう。

67

「デザイナー」「パティシエ」「トリマー」「シェフ」は、どのような仕事なのか、絵を見ながら説明してあげましょう。

かたかなで　かかれた　しごとの　なまえだけを　とおって、スタートから　ゴールまで　すすみましょう。

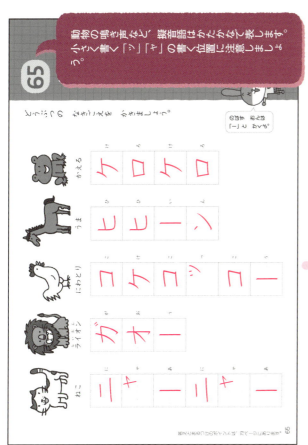

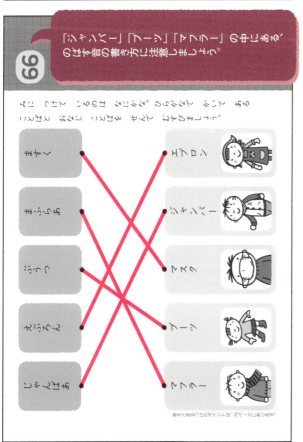

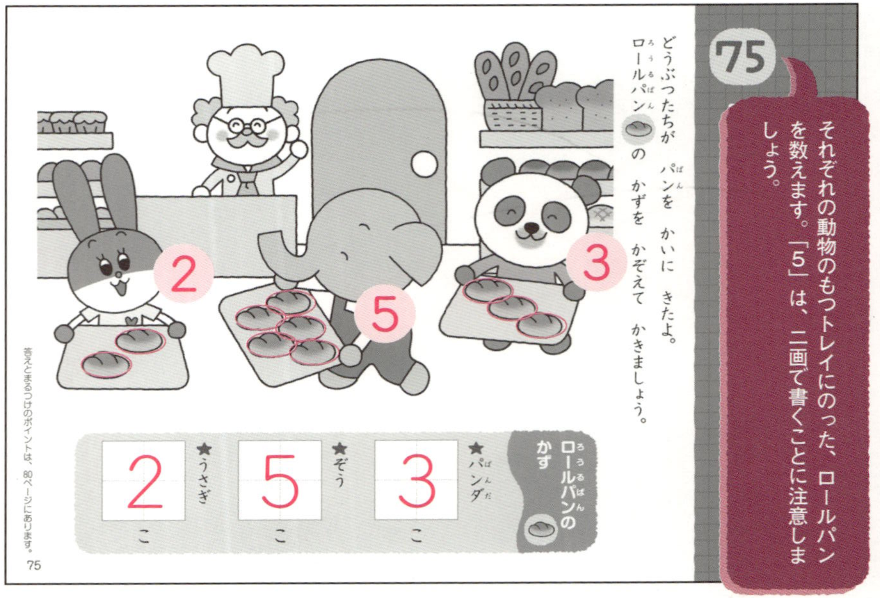

75

それぞれの動物のもつトレイにのった、ロールパンを数えます。「5」は、二画で書くことに注意しましょう。

どうぶつたちが パンを かいに きたよ。
ロールパンの かずを かぞえて かきましょう。

ロールパンの かず

★パンダ	★ぞう	★うさぎ
3 こ	5 こ	2 こ

答えとまるつけのポイントは、80ページにあります。

75

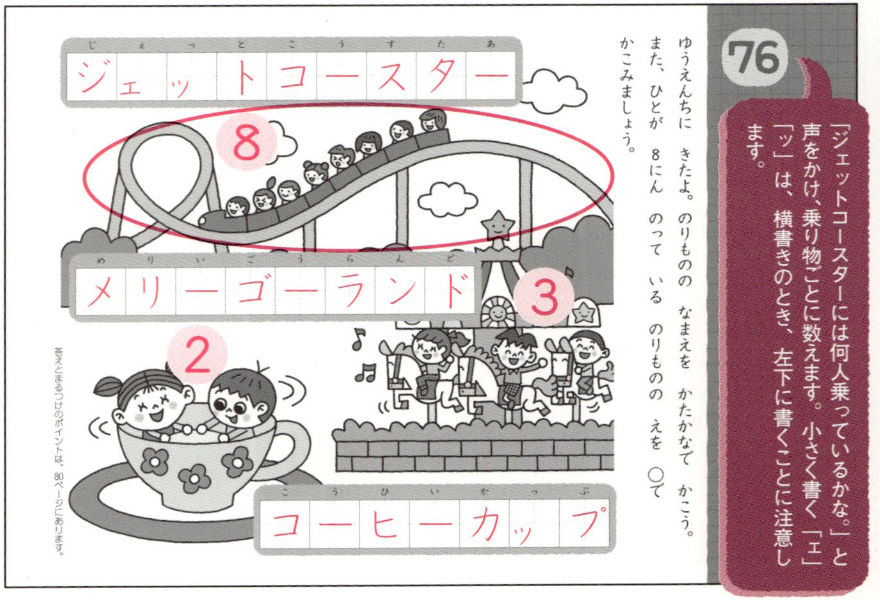

76

「ジェットコースターには何人乗っているかな。」と声をかけ、乗り物ごとに数えます。小さく書く「ェ」「ッ」は、横書きのとき、左下に書くことに注意します。

ゆうえんちに きたよ。のりものの なまえを かたかなで かこう。
また、ひとが 8にん のって いる のりものの えを ○で かこみましょう。

ジェットコースター

メリーゴーランド

コーヒーカップ

答えとまるつけのポイントは、80ページにあります。

縦書きと横書きでは、小さく書く「エ」「ッ」などの位置がちがうので注意しよう。

小さく書く字は横書きの場合、

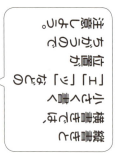

□の■に書きます。

のばす音は

ー のように書きます。

例 じぇっとこうすたあ

ジェットコースター